Inhalt

Webcode: Sie können die Kopiervorlagen aus dem Internet als pdf-Datei herunterladen. Sie finden dazu eine Zahlenkombination jeweils unten auf der Buchseite. Geben Sie diese unter www.cornelsen.de/webcodes ein.
Achten Sie bitte darauf, dass beim Ausdrucken bei Seitenanpassung „In Druckbereich einpassen" aktiviert ist, damit Sie eine DIN-A4-Seite bekommen.

Vorweg – eine Spur legen

Schülerinnen und Schüler beim Lernen erfolgreich zu beraten, setzt ein Unterrichtskonzept voraus, das die unterschiedlichen Lern- und Entwicklungslagen der Schüler zum Ausgangspunkt der Unterrichtsplanungen und Lehrerhandlungen macht und eine präzise Passung der Variablen realisiert.

Das Angebot der Beratung richtet sich zunächst natürlich an die Lernenden und zielt generell auf die Entdeckung und Förderung der Potenziale der Schülerinnen und Schüler ab. Wie weit die Lernberatung ihre Einflussnahme auf die Lernumgebung ausdehnt bzw. ausdehnen muss, wird sicher im Einzelfall unterschiedlich sein. Direkt oder indirekt greift die Lernberatung in jedem Fall in die Lehr-Lern-Prozesse und damit auch in die „Reviere" anderer Kollegen ein. Für Schulen, die Lernberatung initiieren oder ihr Konzept reflektieren wollen, ist es deshalb hilfreich, ihr Verständnis von Zielen sowie die Reichweite der Beratung zu klären und transparent an das Kollegium zu vermitteln. Aus dieser Klärung werden sich die Anforderungen ableiten lassen, die an das Wissen und Können der beratenden Lehrkräfte gestellt werden.

Am Beispiel von zwei ganz unterschiedlichen Schülern möchten wir die Spur zeigen, auf der wir für uns geklärt haben, um was es bei der Beratung gehen muss. Wir haben uns gefragt, was man als Lehrer wissen und tun muss, um sowohl Chantal (Kind mit Lern- und Verhaltensschwierigkeiten) als auch Fabian (hohe Begabung) erfolgreich beim Lernen zu beraten.

> Beispiel: Chantal
> Chantal hat große Schwierigkeiten, sich eigenständig mit Inhalten auseinanderzusetzen. Wenn sie eine Aufgabe bekommt, fängt sie nicht an zu arbeiten, sondern schaut aus dem Fenster, kramt in ihrer Federtasche, spitzt Stifte an oder wechselt die Patrone für den Füller aus. Manchmal redet sie auch mit ihrer Nachbarin oder steht auf und geht zur Toilette.
> Wenn man sie fragt, was ihr helfen würde, weiß sie es auch nicht so genau. Wenn der Lehrer sie für kleine Erfolge lobt, glaubt sie nicht daran und hält das für einen zufälligen Ausrutscher.

Was muss man wissen?

Aus dem, was wir bei Chantal sehen, könnte man vermuten, dass sie keine Lust zum Lernen hat. „So ist die schon immer, sie fängt ja nie an, zu arbeiten." (So oder ähnlich hört man oft im Lehrerzimmer.) Die Folge dieser Sicht könnte eine ständig sich wiederholende Aufforderung sein, mit der Aufgabe anzufangen. Die subjektive Erklärung der Lehrkraft kann unterschiedlich sein: Chantal kann nicht anders oder sie will nicht anders. Je nach Deutung wird sich die Situation vermutlich entwickeln. Die Aufforderung könnte zu einem Ritual werden, mit dem alle leben können. Es könnte sich allerdings auch eine Eskalation ergeben, weil die ständige Wiederholung der Abläufe die Beteiligten zunehmend nervt. Was tun in dieser Konstellation?

Die Alternative wäre: Wir entwickeln eine Bereitschaft, Chantal besser zu verstehen, und erweitern unseren Beobachtungshorizont. Wir wissen, dass auch abweichendes oder störendes Verhalten mit Zielen verbunden ist, dass zwar die Folgen bekannt sind, die Ziele aber meist nicht bewusst sind. Wir gehen davon aus, dass Chantals Verhalten aus systemischer Sicht für sie nützlich und stimmig ist. Wir müssen zunächst für uns klären, was der Grund für ihr Verhalten sein könnte, welche Ziele mit dem Verhalten verknüpft sein könnten, damit wir gut fragen, beraten und handeln können. Wir formulieren also eine erste Hypothese:

1. Hypothese: Chantal hat schon so viele Misserfolgserlebnisse gespeichert, dass sie denkt, sie kann das sowieso nicht. Ihr fehlt die Sicherheit, daran zu glauben, überhaupt etwas zu können.
Vielleicht ist das „Herumkramen in der Federtasche" deshalb eine von verschiedenen Abwehrstrategien (vgl. ANNA FREUD, 1964) wie z. B. „flüchten", „verleugnen" oder „kompensieren". Sie nutzt diese Strategie, um eine Hülle für sich zu schaffen, die das innere, nicht gut ausgebildete und unstrukturierte Gerüst (geringe Selbstwirksamkeit, kaum an die eigenen Fähigkeiten glauben) kompensiert. Sich mit anderen Dingen zu beschäftigen, ist für Chantal sinnvoll, weil sie dadurch vermeintlich vermeidet, weitere Misserfolge zu erleben.

2. Zwischenfazit: Die Leitfrage, die uns auf eine Spur bringen könnte, lautet also: Was ist das Nützliche bzw. Sinnvolle am Verhalten aus Chantals Sicht? Mit dieser Frage eröffnet sich ein erster Blick auf die Probleme, die Chantal hat, und nicht nur auf die, die sie verursacht.

3. Hypothese überprüfen: In einem Beratungsgespräch mit Chantal hören wir vielleicht:

Was tun wir, wenn wir erste Hinweise darauf erhalten, dass unsere Hypothese stimmt? Wir nehmen eine experimentelle Haltung ein, entwickeln Interventionsmöglichkeiten, um beobachten zu können, wie Chantal darauf reagiert.

4. Mögliche Interventionen:

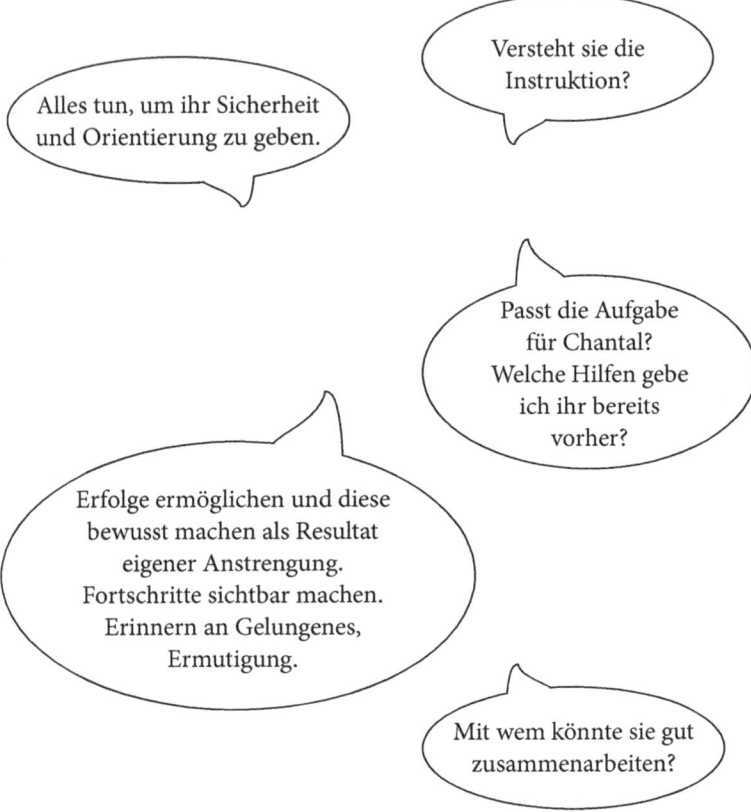

5. Neue Hypothese überprüfen und gemeinsam die Veränderungen auswerten: Im Beratungsgespräch mit Chantal wird deutlich, dass es außerhalb der Schule durchaus Aufgaben gibt, bei denen sie gut mit der eigentlich erwarteten Tätigkeit anfangen kann. Chantal, erzählt, dass Sie immer gut beginnen kann, wenn sie zu Hause einen Kuchen backen möchte. Sie hat dann in der Regel ein Rezept zur Verfügung, nach dem sie sich richten und ihre Tätigkeiten kontrollieren kann. Chantal berichtet, dass sie sogar schon das eine oder andere Mal etwas verändert hat und dass der Kuchen trotzdem gut geschmeckt hat.

Daraus entnimmt die Lehrerin die Idee, dass Chantal vielleicht kleinschrittige Hilfen wie in einem Rezept benötigt.

Die entsprechende konkrete Intervention ist so gestaltet, dass Chantal zur Lösung der nächsten Aufgabe direkte Hilfen bekommt. Diese Hilfen sind sehr kleinschrittig gestaltet und ähneln einem Rezept.

Im folgenden Gespräch wird klar, dass Chantal ohne Abschweifungen anfangen konnte, dass sie nun genau wusste, was zu tun war. Wichtig ist es nun, diese kleine Veränderung als ihren eigenen Erfolg zu spiegeln, ihn auszubauen und damit nach und nach Sicherheit und Vertrauen auf die eigenen Fähigkeiten aufzubauen.

Wie können wir Sicherheit und Orientierung geben?
Was haben wir getan? Wir haben unser Wissen über Hintergründe und Ziele eines den Ablauf störenden Verhaltens aktiviert und zur Formulierung einer Hypothese zur Erklärung des Verhaltens von Chantal genutzt. Um herauszufinden, ob sie stimmt, haben wir ein verantwortbares Experiment gestartet und die Situation verändert. Mit dieser Veränderung haben wir Chantal einen Weg eröffnet, ihr Problem in den Griff zu bekommen.

Probleme in den Griff bekommen

Was ist geschehen? Wir stützen das innere, brüchige Gerüst im Äußeren durch Hilfestellungen zur Bearbeitung konkreter Aufgaben (s. Kap. 5.3: Scaffolding). Den Effekt können wir verstärken durch Anker im Raum, in der Zeit und in der Person, was sicher auch einer Reihe von anderen Schülerinnen und Schülern nützt.

Einige Beispiele für solche Anker:

Im Raum: Der Raum vermittelt ein klares, übersichtliches, aufgeräumtes Bild.
- Die Bereiche sind deutlich voneinander getrennt. Es gibt klare Benutzerregeln.
- Die Materialschränke sind geschlossen.
- Die Ablagesysteme sind aktuell.
- Die Tafel ist sauber; es gibt festgelegte Bereiche z. B. für den Tagesplan, Hausaufgaben etc.
- Die Pinnwand ist übersichtlich und Informationen über Ämter, Stundenplan etc. sind aktuell.
- Bei der Wandgestaltung gilt: „Weniger ist mehr!"

- Ist die Sitzordnung funktional zu dem was die Schülerinnen und Schüler tun sollen?
- Ist ein Einzelsitzplatz nötig?

In der Zeit: Ritualisierte und zuverlässig wiederkehrende Abläufe schaffen.
- Begrüßung/Verabschiedung
- Erzählkreis
- Ämter
- In Krisen (z. B. Time-out-Stuhl)
- Beschwerdestuhl
- Feiern
- Helfersystem
- Klare Verhaltenserwartungen zu den Ritualen und Arbeitsphasen
- Feste und transparente Stunden, Tages- und Wochenabläufe
- Transparenz über die Phasen (Wecker)
- Feste optische und akustische Signale
- Übergänge zwischen den Phasen bewusst gestalten
- Den Arbeitsplatz einrichten
- Zeiten zum Ausfüllen des Planers, des Logbuches, des Hausaufgabenheftes o. Ä.

In der Person: Gezielte Interventionen, die erfolgreiches Verhalten und Lernen ermöglichen. Eine bewusste Gestaltung von Beziehung, die dafür sorgt, dass die Schüler die erwachsenen Personen für sich als bedeutsam erleben.
- Die entwicklungsgemäß passende Erwachsenenrolle einnehmen.
- Bei Teamteaching die Rollenverteilung klären.
- Die Sprache klar und eindeutig gestalten. Anweisungen und Verhaltenserwartungen positiv formulieren.
- Überlegungen zum eigenen Positionieren im Raum: Wo gebe ich Anweisungen, wo bin ich gesprächsbereit, wo sanktioniere ich?
- Umlenken, umgestalten?
- Physische Nähe herstellen oder gerade nicht?
- Regeln aufstellen, einüben, einhalten.

(Die obigen Beschreibungen sind einem unveröffentlichten Vortrag und einem unveröffentlichten Manuskript von Krimhild Görlich im Landesinstitut für Lehrerbildung und Schulentwicklung in Hamburg entnommen.)

> **Beispiel: Fabian**
> Wenn Fabian eine Aufgabe bearbeiten muss, beginnt er meist zügig. Er liest sich die Aufgabe genau durch und verdeutlicht sich, was genau von ihm verlangt wird. Danach macht er sich einen Plan, wie er vorgehen will. Bei der Arbeit überprüft er, ob er noch auf dem richtigen Weg ist. Am Ende geht er alles noch einmal durch und korrigiert mögliche Fehler.
> Manchmal beschäftigt sich Fabian aber auch mit ganz anderen Dingen.

Unsere Frage ist, wie die Diskrepanz im Verhalten von Fabian zu erklären ist, wie eine Veränderung zu initiieren wäre. Offensichtlich verfügt er über eine hohe Lernkompetenz. Trotzdem gibt es Situationen, in denen Fabian sich mit anderen Dingen beschäftigt und nicht der Instruktion folgt.

Veränderungen initiieren

Wir beobachten Fabians Verhalten im Unterricht genauer und notieren: Fabian verfolgt den Unterricht aufmerksam. Meist macht er sich zu den wichtigsten Punkten Stichpunkte. Häufig verdeutlicht er sich die Zusammenhänge durch eine Skizze oder mithilfe einer Mindmap. Er versucht bereits während des Unterrichts, die neuen Informationen mit seinem Vorwissen zu verbinden. Wenn er etwas nicht versteht, versucht er genau herauszufinden, worin sein Problem besteht und sucht sich gezielt Hilfe. In der Regel betrachtet Fabian seine Lernerfolge als Ergebnis seiner eigenen Anstrengung. Wenn ihm etwas nicht so gelungen ist, überlegt er, woran es gelegen haben könnte und was er beim nächsten Mal anders machen wird.

1. Hypothese: Die Stationen, die für die Mathewerkstatt zum Thema Bruchrechnen aufgebaut worden sind, sind nicht alle herausfordernd für Fabian. Die Regelung, alle Stationen zu durchlaufen, die für alle Schüler gilt, hat für Fabian zur Folge, dass er sich bei einigen Aufgaben langweilt und sich anderen Dingen zuwendet.

Fabian ist ein erfolgreicher Lerner und versteht, dass seine Erfolge etwas mit seinem Vorgehen und seiner eigenen Anstrengung zu tun haben.

Er hat ein stabiles Gerüst und eine hohe Selbstwirksamkeit.

Er braucht Aufgaben, die ihn über den bisherigen Entwicklungs- und Lernstand hinaus herausfordern und seine Selbstständigkeit fordern.

Er verfügt über hohe Lernkompetenz, wendet verschiedene Lernstrategien selbstständig an.

2. Intervention: Fabian bekommt den Auftrag, selbstständig auszuwählen, welche Aufgaben er aus den Stationen bearbeiten möchte.

3. Hypothese überprüfen: Die Beobachtung zeigt, dass Fabian sich zunächst alle Stationen anschaut. Er trifft eine Auswahl, und wenn er merkt, dass er bestimmte Aufgaben schon kann, wendet er sich der nächsten Station zu.

Im Beratungsgespräch gibt die Lehrerin Fabian ein Feedback und spiegelt ihre Beobachtung.

Sie überlegt allerdings, ob sie Fabian noch andere Aufgaben geben sollte, z. B. könnte sie Fabian als Lernpartner für einen schwachen Schüler benennen.

Einleitung

Die Lernberatung in und außerhalb des Unterrichts ist das Element der Lehrerolle, zu dem vermutlich am wenigsten professionelle Kompetenz erwartet werden kann. Sie wird zwar in den Standards zur Lehrerbildung (vgl. KMK 2004) beschrieben und gefordert, ist aber in der Praxis zumeist an spezifisch qualifizierte Lehrkräfte oder Psychologen delegiert worden.

Wenn Lernberatung Praxis aller Lehrkräfte werden soll, müssen Bedingungen beachtet werden, die das Gelingen nachhaltig beeinflussen. „Handlungsspezifisches Wissen ist erforderlich, um die jeweilige Problemlage angemessen verstehen zu können. Hierzu ist es notwendig, am fachspezifischen Diskurs (z. B. der Pädagogik, der Pädagogischen Psychologie oder der Fachdidaktik) teilzunehmen. (…) Kenntnisse im fachlichen Bereich sagen aber alleine noch nichts über die Qualität der Beratung aus." (SCHNEBEL 2007, S. 23)

Beratungskompetenzen sind natürlich nicht nur bei den Lehrkräften gefragt, sondern ebenfalls auf Seiten der Schüler. Die Vorbereitung auf Beratungsgespräche, die Fähigkeit zum aktiven Zuhören, die Dokumentation der Vereinbarungen und die Kontrolle, besser das Controlling, sind wesentliche Faktoren auf der Schülerseite, die die Wirksamkeit von Beratung beeinflussen. Sie machen erst die aktive Übernahme von Selbstverantwortung möglich, die sowohl Grundlage für das Gelingen als auch Ziel der Lernberatung oder des Lerncoachings ist. Diese Voraussetzungen sind nicht automatisch gegeben, sie müssen systematisch entwickelt werden, in der Lernberatung, aber vor allem auch in den Lernprozessen.

Erfolgreiche Lernberatung

1 Lernkonzept Individualisierung
- 1.1 Förderung von Selbstverantwortung
- 1.2 Stärkung der Selbststeuerung
- 1.3 Rollenwandel für Lehrerkräfte
- 1.4 Beratung und Coaching in der Schule

2 Beispiel Lernentwicklungsgespräche
- 2.1 Rahmenbedingungen
- 2.2 Vorbereitung
- 2.3 Durchführung
- 2.4 Hilfreiche Fragen stellen
- 2.5 Ziele formulieren
- 2.6 Lernvereinbarungen treffen

3 Beratungsmodelle in den Schulen
- 3.1 Systematische Lernberatung, Gesamtschule Mitte, Bremen
- 3.2 Schülersprechtage, RS Enger
- 3.3 Individuelle Lernberatung, Einstein Gymnasium Rheda-Wiedenbrück
- 3.4 Lernberatung, Anna-Warburg-Schule
- 3.5 Lerncoaching Heilwig Gymnasium, Hamburg
- 3.6 Lerncoaching „Mündener Modell"

6 Lernberatung in der inklusiven Schule
- 6.1 Was ist inklusiver Unterricht?
- 6.2 Förderplanung im Team
- 6.3 Systematische Beratung
- 6.4 Fazit

5 Aufbau von Selbstwirksamkeit und Handlungskontrolle
- 5.1 Anbahnung und Umsetzung von Zielvereinbarungen
- 5.2 Aufbau von Lernkompetenz
- 5.3 Scaffolding
- 5.4 Lernentwicklung dokumentieren

4 Bedingungen für gelingende Lernberatung
- 4.1 Pädagogische Diagnose
- 4.2 Entwicklung von Diagnosekompetenz
- 4.3 Evaluierbare Diagnose
- 4.4 Ausbildung der Diagnosekompetenz
- 4.5 Wirkung von Diagnosekompetenz
- 4.6 Selbststeuerung als Ziel
- 4.7 Beispiel: Theresianum Ingenbohl
- 4.8 Diagnose im Team

Wie ist dieses Buch aufgebaut?

In diesem Buch wird Lernberatung mit einer Intention verknüpft, die sich aus einem Lernkonzept entwickelt, das auf die Leitidee individueller Förderung und die Prinzipien der Individualisierung des Lernens ausgerichtet ist. Dieses Konzept bildet den Kontext für das Verständnis von Lernberatung, wie sie in diesem Buch betrachtet wird. Es wird in Kapitel 1 beschrieben und in den Konsequenzen für die Lernberatung beleuchtet.

Das Lernkonzept Individualisierung hat als zentralen Kern die Idee, dass die Nutzung von Lernstrategien und die Fähigkeit zur Handlungskontrolle die Lerner in die Lage versetzt, ihr Lernen weitgehend selbst zu steuern. Auf diese Idee ist auch die Lernberatung ausgerichtet, wie sie von den Autoren verstanden wird.

Neben der inhaltlichen Anforderung aus dem Lernkonzept gibt es Standards für professionelle Berater, die in der Ausbildung von Lehrkräften nur selten systematisch ihren Platz haben. Sie lassen sich nur bedingt auf die Schule übertragen, können aber durchaus einen Qualitätsrahmen bilden, an dem sich die Weiterentwicklung der schulischen Beratung orientieren kann. Gleichzeitig lassen sie deutlich werden, dass die Ansprüche an Beratung nicht zu hoch geschraubt werden sollten, weil sonst Überforderung vorprogrammiert ist. Die Einbindung der Beratung in einen dauerhaften institutionalisierten Lernprozess der Schüler und die Möglichkeit zur kollegialen Rückmeldung sind schulspezifische Qualitäten, die die Lernberatung von anderen Beratungen unterscheidet.

Das Lernentwicklungsgespräch ist eine etablierte Form, an der die qualitativen Elemente der Lernberatung konkret verdeutlicht werden können. In Hamburg sind die Lernentwicklungsgespräche über die Ausbildungs- und Prüfungsordnung geregelt und damit verbindlich sowohl in der Organisation als auch in den inhaltlichen Anforderungen festgeschrieben. An den Erfahrungen in der Begleitung durch das Landesinstitut für Lehrerbildung und Schulentwicklung (Li Hamburg) orientiert sich die Darstellung in Kapitel 2. Die für die Selbstregulation wesentlichen Elemente der Zielformulierung, der Lernvereinbarung, der Verständigung über die Prozesskontrolle und der Reflexion der Ergebnisse werden dargestellt.

Beratung in der Schule findet an vielen Orten und in vielen Varianten statt. Lernberatung ist ein Teil davon, der auch wieder in ganz unterschiedlichen Beratungssituationen realisiert wird, wie in Kapitel 3 an schulischen Modellen gezeigt wird.

Die Passung der Maßnahmen, die am Ende der Beratung vereinbart werden, hängt ganz wesentlich von der Diagnose ab. Lernberatung basiert auf der pädagogischen Diagnostik, sie ist eine unverzichtbare Gelingensbedingung. Dieser Zusammenhang wird in Kapitel 4 beschrieben, mit einem praktischen Beispiel zur differenzierten Erfassung der Selbststeuerung sowie einem Verfahren zur kollegial unterstützten Diagnose und Förderplanung im Team unterlegt.

„Eigenverantwortliches Lernen geht mit der Notwendigkeit einher, lernkompetent zu werden und individuelle, selbst gesteuerte Formen der Lern- und Wissensorganisation zu realisieren." (HAMEYER/FÜGMANN, S. 10) Wie Lernkompetenz aufgebaut werden kann, wie der Aufbau von Selbstwirksamkeit und Handlungskontrolle gefördert wird, ist Thema von Kapitel 5. Einen besonderen Stellenwert hat dabei die Dokumentation der Lernentwicklung durch Portfolioarbeit.

Die Dokumentation der Lernentwicklung dient mindestens zwei Zwecken. Sie ermöglicht, sich systematisch eine Lernstrategie zu erarbeiten. Die Reflexion und Evaluation der eigenen Person, der Lerninhalte sowie der Lernerfahrungen kennzeichnen es. Zum zweiten lassen sich Reflexionen und Bewertungen auf eine verfügbare Basis beziehen, auch wenn die dahinter liegenden realen Prozesse nicht mehr wiederholt werden können. Die Rekonstruktion der Lernprozesse wird leichter, die Bewertung transparenter.

Kapitel 6 schließt das Buch ab mit der Frage, ob die bis hier skizzierten Entwicklungen Bestand haben angesichts der Verpflichtung zur Inklusion.

Wer individuell fördern und beraten will, muss im Vorfeld klären, welche Diagnosekompetenzen er dazu braucht, wer ihn dabei unterstützen kann und was zur Entwicklung dieser Kompetenzen beitragen kann. In der inklusiven Schule ist im System Vorsorge getroffen, um den Bedürfnissen aller Schüler gerecht werden zu können. Welche strukturellen Konsequenzen sich daraus ergeben können, wird am Beispiel Bremen skizziert.

Lernberatung im Lernkonzept Individualisierung

1.1 Individualisierung, ein schulweites Konzept zur Förderung von Selbstverantwortung im Unterricht

Längeres gemeinsames Lernen, individuelle Förderung, Kompetenzorientierung, etc. stehen für Konzepte, die der zunehmenden Heterogenität der Schüler in den Schulen Rechnung tragen.

„Wenn Schulen auf die Heterogenität ihrer Schülerinnen und Schüler eingehen, kann das auf vielfältige Weise geschehen: durch Differenzierung im Unterricht, durch Wahlangebote, durch außerschulische Lerngelegenheiten und durch individuelle Fördermaßnahmen. Der Begriff Individualisierung hingegen impliziert bereits eine einschränkende Zweckbestimmung: das bessere Eingehen auf die besonderen Fähigkeiten und Bedürfnisse der Einzelnen im Unterricht." (VON DER GROEBEN 2008, S. 40 f.)

Im individualisierenden Unterricht nimmt die Lehrkraft jeden einzelnen Schüler intensiv mit seinen Stärken und dem momentanen Entwicklungsstand in den Blick und unterstützt ihn individuell in seinem Lernprozess. Die Lernenden gestalten ihren Lernprozess entsprechend ihrem Vorwissen, ihren Interessen, ihrer Leistungsfähigkeit und ihrer Lernstrategien selbst und übernehmen Verantwortung für ihr Lernen. Innerhalb eines Referenzrahmens (z. B. in Form eines Kompetenzrasters, eines Themenplans etc.) erlangen sie ein Bewusstsein über ihren aktuellen Leistungsstand und können sich erreichbare Ziele setzen. Dabei werden sie von den Lehrenden in ihrem Lernprozess begleitet und unterstützt, beispielsweise durch Lernstandsgespräche, individuelle Leistungsrückmeldungen oder Lernvereinbarungen. Die Verantwortung für ihr Lernen wird den Schülern selbst zugetraut und zugemutet (vgl. PARADIES/WESTER/GREVING 2010, S. 12).

Lernende im Lernprozess begleiten

Arbeitsdefinition

Individualisieren im Unterricht heißt, den Weg zu den curricular aus-
gewiesenen Zielen von den individuellen Ausgangslagen zu eröffnen,
die spezifischen Potenziale oder spezifischen Bedürfnisse der Schüler
zu berücksichtigen und die Förderung auf den Ausbau von Stärken
auszurichten. Es heißt aber auch, die Schüler in die Verantwortung
einzubeziehen und sie ggf. stärker in die Pflicht zu nehmen. So können lernrelevante Entscheidungen von den Schülern subjektiv als
persönliche Verursachung der Lernaktivitäten und der Lernergebnisse
erlebt, kann die Übernahme von Verantwortung als Chance für das
persönliche Wachstum bewertet werden. Das Entstehen eines realisti-
schen, aber auch optimistischen Selbstkonzeptes bezüglich der schulischen Leistungen wird gefördert. Es wird für die Schüler in dem Gefühl der Selbstwirksamkeit erfahrbar.

Selbststeuerung
stärken

Der qualitative Unterschied zwischen den Strategien im Umgang mit Heterogenität und dem Lernkonzept Individualisierung ist also, dass die Stärkung der Selbststeuerung als konstitutiv für das Konzept zu sehen ist. Daraus ergeben sich Konsequenzen in verschiedene Richtungen und für alle
Beteiligten. „Wenn – im Kontext institutionalisierten Lernens – die Forderung nach selbstgesteuertem Lernen nicht nur eine Leerformel sein soll, ist
über eine doppelte Aufgabenstellung nachzudenken, nämlich darüber, wie
die lernerseitigen Strukturen und Prozesse angelegt sein müssen, damit
selbstgesteuertes Lernen gelingen kann (s. Kapitel 5), und wie Lernsituationen und Lernumgebungen beschaffen sein müssen, um dieses selbstgesteuerte Lernen anzuregen, zu fördern und zu unterstützen." (KIPER/MISCHKE
2008, S. 5) Sie fordern: „Der Unterricht muss durch beiläufig angelegtes
Lernen Selbststeuerungsfähigkeit vermitteln. Dieses beiläufige Lernen hat
zur Voraussetzung, dass Lernarrangements so gestaltet sind, dass in ihnen
der Erwerb von Selbststeuerungs- und Selbstregulationsfähigkeiten möglich wird." (KIPER/MISCHKE ebenda)

Die folgenden Leitfragen zur Entwicklung des Unterrichts tragen dem
Rechnung. Wie können wir
- den Schülerinnen und Schülern helfen, ihre Lernausgangslagen bzw.
  Lernstände zu erfassen und sie für sich deutlich zu machen,
- die Schülerinnen und Schüler an der Planung des Lernarrangements
  teilhaben lassen,

- den Schülerinnen und Schülern die Planung und Kontrolle ihres individuellen Lernweges übertragen,
- die Zugangswege zur Bearbeitung von Aufgaben öffnen und den Schülerinnen und Schülern Entscheidungen ermöglichen.
- die Selbstbewertung der Leistungen stärken und in der Leistungsrückmeldung die „inneren Rückmeldungen" beachten,
- in der Dokumentation und Auswertung von Lernphasen Kompetenzerleben bewusst machen und den Aufbau von Selbstwirksamkeit fördern?

Das Konzept Individualisierung kann sich auf den Unterricht in einer Lerngruppe beziehen, vielleicht sogar nur in einem Fach oder in einzelnen Lernphasen realisiert werden. Seine Wirksamkeit entfaltet es aber vermutlich erst dann, wenn die Lernumgebung in die Neugestaltung einbezogen wird. Dies beweisen Schulen, die sich sehr konsequent neu ausgerichtet haben, wie z. B. die Max-Brauer-Schule in Hamburg. Es haben sich Grundformen entwickelt, in denen Kompetenzen als Ziele formuliert sind, in denen sich nicht nur Wissen entwickeln kann, sondern auch volitionale und soziale Dispositionen sowohl als Lernvoraussetzungen eingebracht als auch im Prozess erworben bzw. aufgebaut werden können.

Allen Lernarrangements gemeinsam ist die Grundidee, dass den individuellen Voraussetzungen nur ein Arrangement gerecht werden kann, das unterschiedliche Wege und Lerntempos erlaubt und fördert, das ein hohes Maß an Selbststeuerung voraussetzt.

Arbeitsdefinition
Lernarrangement meint hier sowohl im Kleinen als auch im Großen die „Anordnung und Gestaltung" von Faktoren, die das Lernen der Schülerinnen und Schüler beeinflussen.

1. Lernbüro (oder Lernzeit, Studienzeit etc.): Bei allen Unterschieden in der äußeren Form gibt es eine erkennbare Grundstruktur in allen Lernbüros: Im Mittelpunkt steht der Erwerb von Basiskompetenzen, deren Systematik sich in Kompetenzrastern oder Lernlandkarten abbildet. Für die Lernprozesse werden Aufgaben und Materialien in Bausteinen (Lernjobs) entwickelt.

Im Lernbüro findet überwiegend selbstorganisiertes Lernen statt, indem jeder Schüler selber festlegt, in welchen Stunden er sich in welcher Reihenfolge mit im Kompetenzraster respektive der Lernlandkarte festgeschriebenen Themen beschäftigt.

Die Lernprozesse werden in Logbüchern, Portfolios oder Lernjournalen dokumentiert. Das Erreichen von Zielen wird kontrolliert und gekennzeichnet. Die Lehrkräfte beraten die Schülerinnen und Schüler individuell und treffen mit ihnen Vereinbarungen über die nächsten Schritte oder entwickeln mit den Schülerinnen und Schülern Lösungsideen für persönliche Probleme, die das Lernen behindern. Sie entscheiden auch, ob die Schülerinnen und Schüler reif sind für den nächsten Schritt im individuellen Lernplan.

In der deutschen Schullandschaft haben die Max-Brauer-Schule und die Gesamtschule Winterhude (KuBa kulturelle Bausteine) in Hamburg das Konzept des Lernens im Lernbüro wohl am weitesten entwickelt und am konsequentesten umgesetzt. Beide Schulen zeigen auch beispielhaft, wie unterschiedliche Grundformen des Lernens in einem Gesamt-Konzept miteinander verbunden werden können.

2. Workshop oder Werkstatt: Die Werkstattidee hat in die Schule schon vor langer Zeit Eingang gefunden. Die Theaterwerkstatt, die Literaturwerkstatt z. B. boten Möglichkeiten praktischen Handelns und Erprobens und waren eine Art „Insel der Erholung" vom Unterricht. Die Gestaltung von regulärem Unterricht wurde dadurch allerdings kaum berührt.

In der Weiterentwicklung hat sich die Werkstattidee konkretisiert. „Unter Werkstatt wird eine Unterrichtsform verstanden, die

- ein (Über-)Angebot von meistens materialintensiven Arbeitsplätzen und strukturell zusammenhängenden Lernaufgaben macht,
- die handelndes und problemlösendes, frei gewähltes, aber auch vertiefendes, selbst kontrolliertes, individualisiertes, soziales und fächerübergreifendes Lernen ermöglicht,
- den Ansprüchen der Lebensnähe, Motivation, Sinnganzheit, Erlebnis- und Erfahrungstiefe, Selbsttätigkeit und Selbständigkeit, Gruppenfähigkeit und Persönlichkeitsförderung gerecht werden möchte." (GASSER 2008, S. 115)

Lernumgebung
vorbereiten

In der praktischen Entwicklung hat die Vorbereitung der Lernumgebung einen zentralen Stellenwert eingenommen. Sie muss Gelegenheiten vorhalten, „handelnd einen individuellen Zugang zu einem Lerngegenstand zu finden und ohne den äußeren Druck, ein vorgegebenes Pensum abarbeiten zu müssen, Lösungswege zu erproben." (www.ganztaegig-lernen.org) Die Arbeitsaufträge sind in dieser Struktur der Schlüssel zum erfolgreichen Lernen. Sie sollten möglichst als Ergebnis eines Planungsprozesses selbst formuliert sein und möglichst unterschiedliche Wahrnehmungskanäle anspre-chen, unterschiedliche Tätigkeiten initiieren und unterschiedliche Medien in die Nutzung einbeziehen.

3. Projekte: Ist im Lernbüro bzw. der Studienzeit die Aneignung von Basis-wissen die zentrale Aufgabe, so gilt es, in den Workshops thematisch geord-netes Wissen kooperativ und selbst gesteuert zu erarbeiten, dadurch Basis-wissen anzuwenden, zu verfestigen und zu vertiefen. In den Projekten kommt eine ihnen innewohnende Dimension hinzu, nämlich die Orientie-rung an einem gesellschaftlich relevanten Problem. Dadurch wird der so-zialen Sinnorientierung des Lernens im Unterricht ein angemessenes Ge-wicht gegeben, stärker als es in den Workshops der Fall sein muss, die mehr über das Interesse und die Freude an Kreativität ihre Attraktivität gewin-nen.

Das grundlegende pädagogische Ziel in Projekten ist, ein weltoffenes und historisch-politisches Bewusstsein zu entwickeln. Dazu gehört auch, in der Schule „durch entsprechende Unterrichtsmethoden die Entwicklung und Förderung von dynamischen Fähigkeiten und unterschiedlichen Begabun-gen (zu) ermöglichen. Denn nur informierte, kompetente und motivierte Menschen werden den gesellschaftlichen Veränderungen weltoffen und entwicklungsbereit gegenüberstehen" (Projekt, Tipps zur Umsetzung, Bun-desministerium für Bildung, Wissenschaft und Kultur Doris Kölbl, Wien; Autor/innen Ausgabe 2001: M. AUCHMANN, L. BAUER, A. DOPPELBAUER, E. HÖLZL, S. WINKLER).

Projekte bieten eine besondere Chance zur Förderung von Selbststeuerung und Selbstregulation, weil in der Anlage des Arrangements die Notwendig-keit des Managements enthalten ist. Die Verständigung auf Ziele, die For-mulierung von Aufgaben, die Erfassung der Kompetenzprofile der Grup-penmitglieder, die Kontrolle des Prozessverlaufes, der Umgang mit Emotionen bei Störungen und Konflikten sowie die Bewertung und Aus-wertung mit Blick auf den Zusammenhang von Prozess und Ergebnis gehö-ren dazu. Sie haben eine große Nähe zu den Anforderungen der Selbstregula-tion, was vermuten lässt, dass sich der Transfer leichter bewerkstelligen lässt; dies umso mehr, als im praktischen Prozessverlauf das Feedback in den meisten Fällen auch direkt in den Situationen erfolgt und Korrekturen des Verhaltens unmittelbar umgesetzt werden.

Inklusion

Heterogenität	Individualisierung
Differenzierung	Selbstverantwortung Selbststeuerung
Kooperatives Lernen	Lernumgebungen: Lernbüro/Werkstatt, Projekt
Diagnose, indiv. Förderung	
Leistungs- rückmeldung	(Neue) Instrumente: Kompetenzraster Lernlandkarten

Wandel der Lehrerrolle:
Gestaltung von Lernarrangements und Beratung/Coaching

Funktionale Differenzierung:
Kollegium, Fachkonferenz, Jahrgangsteam, Klassenteam

Unterrichtsorganisation:
Rhythmisierung, Lernzeit

Schulklima:
Schule als Lernort und Lebensraum

Individualisierung erfordert ein schulweites Konzept (s. Abb. 1), vor allem ein abgestimmtes und der ausgehandelten Zielsetzung entsprechendes Handeln der Lehrkräfte, damit die einzelnen Aktivitäten von allen Beteiligten, vor allem von den Schülern und auch von deren Eltern als stimmig erlebt werden können. „Dazu gehört auch die Gestaltung einer Kultur in der

Schule, in der sich alle Kinder und Jugendlichen willkommen fühlen können, ob mit besonderen Begabungen versehen oder mit Behinderungen, ob in einem deutschen Elternhaus aufgewachsen oder in einem Elternhaus, das durch Migration geprägt ist. Die konkreten Formen, die in einem Jahrgang entwickelt werden, z. B. in der Eingangsphase des Schuljahres oder in den Formen der Konfliktklärung, müssen zu den Leitideen passen, damit der Start in einen neuen Jahrgang nicht ein Start in eine neue Grundsatzdebatte in der Schule wird." (F. Wester: Eine neue Rolle der Lehrkräfte; in: Schulmagazin 5–10, Heft 10, 2012)

Gemeinsam geht es besser! „Will Schule ihre Schüler individuell fördern und fordern, gelingt das nur, wenn ihre Lehrer im Team arbeiten. Sie können die Lernprozesse ihrer Schüler besser planen, indem sie sich mit ihren Kollegen über die Potenziale, Interessen und Hintergründe der Kinder und Jugendlichen austauschen." (PodiumSchule 2011, S. 2) Vor allem die Einrichtung der Jahrgangsteams hat hier einen entscheidenden Einfluss. Die entscheidende Qualität dieser Teams ist es, die Informationen über einzelne Schüler förderorientiert zusammentragen und auswerten zu können. Die Beratung über einzelne Fälle wird qualitativ gestärkt, weil als Vergleichsmaßstab zur Bewertung von Verhalten die Schülergruppe im Jahrgang dienen kann.

Allerdings: Teamqualität kann nicht gesetzt werden, sie muss sich entwickeln. „Um gute Ergebnisse bringen zu können, müssen Gruppen nicht nur an dem sachlichen Ziel, sondern auch an sich selbst arbeiten. Dafür brauchen sie Raum, Zeit und vor allem auch das Bewusstsein, dass diese Beschäftigung mit sich selbst zur normalen Arbeit dazu gehört." (Krainz-Dürr 1999, S. 274) Unter dieser Prämisse können vor allem heterogen zusammengesetzte Teams sehr effizient arbeiten, wenn ihre Kompetenzen komplementär sind und die individuellen Begabungen sich ergänzen. Multiprofessionelle Teams in inklusiv arbeitenden Schulen stellen das Tag für Tag nachdrücklich unter Beweis.

„Veränderungen in Schulen können schneller stabilisiert werden, wenn die Teams bereits gemeinsam lernen. In den Teams kann die Umsetzung der Fortbildungsinhalte mitgedacht werden, können Strategien für die Verankerung in der Schule entwickelt werden. Damit wird die notwendige Sicherheit gewährleistet, dass neue Ideen gegen alte Strukturen und Routinen im Alltag eine Chance haben. Zusätzlich wirkt das zumeist positive Erleben von gemeinsamen Fortbildungen motivierend und stärkend."

(Halfter/Wester 2012, S. 378)

1.2 Stärkung der Selbststeuerung, der Kern des Lernkonzeptes Individualisierung

Die Kernfrage in der Entwicklung der Lehr-Lern-Prozesse ist die Frage nach den Möglichkeiten, die Selbststeuerung der Lernenden zu verstärken. „Unter Lernen versteht man den absichtlichen (intentionales Lernen) und den beiläufigen (inzidentelles oder implizites Lernen), individuellen oder kollektiven Erwerb von geistigen, körperlichen, sozialen Kenntnissen und Fertigkeiten." (KONRAD 2011, S. 15) Es gibt unterschiedliche Nuancierungen je nach Sichtweise. Konstruktivistisch betrachtet ist Lernen ein individueller, aktiver, konstruktiver und weitgehend intern gesteuerter Prozess in einem sozialen Kontext. Für die Lernberatung bzw. das -coaching von besonderer Bedeutung ist, dass Lernen selbst nicht beobachtbar ist, sondern nur an den Verhaltensänderungen erkennbar ist oder über die Kommunikation verdeutlicht werden kann.

Um eine Vorstellung von dem komplexen Feld zu bekommen, aus dem Einflüsse auf das Lernen resultieren können, ist es hilfreich, sich zunächst auf ein Modell zu verständigen, in dem die Rahmenbedingungen und Einflussfaktoren auf die Steuerung des Lernens durch die Lerner selbst systematisch erfasst werden. KONRAD bietet ein solches Modell:

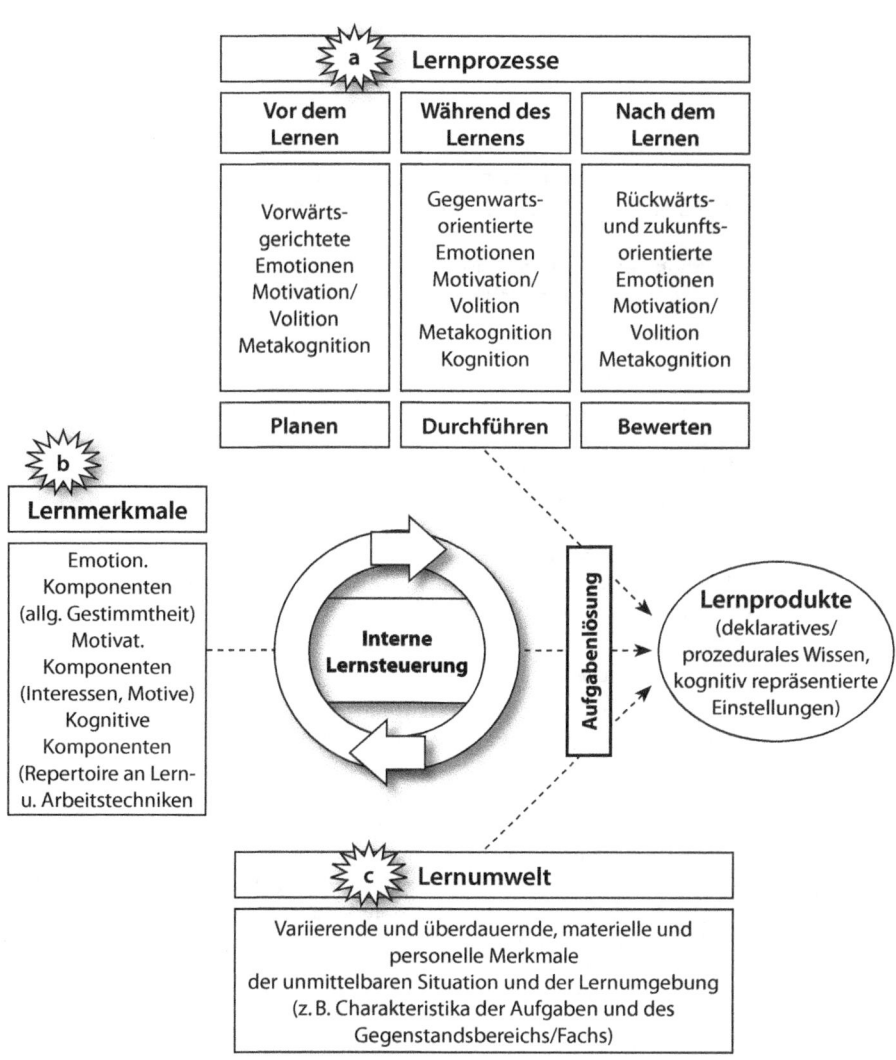

a Lernprozesse

Vor dem Lernen	Während des Lernens	Nach dem Lernen
Vorwärts-gerichtete Emotionen Motivation/ Volition Metakognition	Gegenwarts-orientierte Emotionen Motivation/ Volition Metakognition Kognition	Rückwärts- und zukunfts-orientierte Emotionen Motivation/ Volition Metakognition
Planen	Durchführen	Bewerten

b Lernmerkmale

Emotion. Komponenten (allg. Gestimmtheit) Motivat. Komponenten (Interessen, Motive) Kognitive Komponenten (Repertoire an Lern- u. Arbeitstechniken

Interne Lernsteuerung

Aufgabenlösung

Lernprodukte (deklaratives/ prozedurales Wissen, kognitiv repräsentierte Einstellungen)

c Lernumwelt

Variierende und überdauernde, materielle und personelle Merkmale der unmittelbaren Situation und der Lernumgebung (z. B. Charakteristika der Aufgaben und des Gegenstandsbereichs/Fachs)

(vgl. KONRAD 2011, S. 17)

In diesem Modell sind die Faktoren systematisch abgebildet, Wie sie im Prozess aufeinander bezogen werden bzw. systematisch aufgebaut werden können, ist in dieser Darstellung noch nicht erfasst. KIPER/MISCHKE entwickeln ein Modell, wie im Unterricht „die Fähigkeit zur Selbstregulation aufzubauen ist, die neben dem Lernen auch das Verhalten, basierend auf einer Emotionsregulation, mit umfasst" (KIPER/MISCHKE 2008, S. 61).

Regulation des Selbst und kognitive/metakognitive Regulation	Volitionale und motivationale Regulation
Nachdenken über Entwicklungsaufgaben, über Lernen im Kontext der Entwicklungsaufgaben, über Belastungen und Ressourcen und über Möglichkeiten der Balancierung von Anforderungen und Ressourcen.	Korrektur eines Selbstkonzeptes als Hauptschüler/-in, Realschüler/-in und der Selbst- und Fremdzuschreibung von Ursachen des Scheitern resp. Versagens.
Kennenlernen der Unterscheidung von lageorientiertem und handlungsorientiertem Modus des Seins und Reflexion darüber, wann welcher Regulationstyp hilfreich ist.	Unterscheidung von Motivierungsprozessen und Volitionsprozessen; Kenntnisse über erfolgreiche Wege zur Zielformulierung und Zielerreichung.
Kennenlernen von Möglichkeiten zur Emotionsregulation.	
Erarbeitung des erforderlichen, bereichsspezifischen Vorwissens resp. Hilfestellung zu seinem eigenständigen Erwerb. Erwerb metakognitiver Strategien – Planung und Zielrepräsentation – Überwachung (Monitoring) – Korrekturstrategien Erwerb von Lernstrategien – Memorierstrategien – Tiefenverarbeitung – Elaboration – Organisation	Entwicklung unterstützender motivationaler Orientierungen. Ausbildung förderlicher selbstbezogener Kognitionen (Selbstkonzept der Begabung, Selbstwirksamkeit, Kontrollüberzeugungen) Motivationale Präferenzen (Interesse, Aufgabenorientierung). Entwicklung von Konzentrationsfähigkeit und Aufmerksamkeit durch Abschirmung resp. Ausbalancierung gegenüber konkurrierenden Intentionen und Verarbeitung von Erfolg und Misserfolg.
Erarbeitung von Möglichkeiten des Wissensmanagements.	

(vgl. KIPER/MISCHKE 2008, S. 62)

Dabei geht es nicht nur um die allgemeine Frage von Selbstbestimmung und Autonomie, sondern vor allem um die Frage, wie die Leistungsfähigkeit der Schüler gefördert werden kann.

Das Institut Beatenberg in der Schweiz z.B. sieht Leistung als Voraussetzung für den Aufbau von Selbstvertrauen. „Das Gefühl, etwas geleistet, erfolgreich mit Widerständen umgegangen, ein Ziel erreicht zu haben, ist der Nährboden für das Vertrauen in die eigenen Fähigkeiten. Das heißt: Lernende brauchen Erfolgserlebnisse, Kompetenzerfahrungen. Das setzt Leistungen voraus. Und Leistungen gedeihen am besten in einem Klima der Herausforderung, des Vertrauens, der Verbindlichkeit. Oder eben: in sozialer Eingebundenheit. Die Aufgabe, die sich daraus für die Schule ergibt: Beziehungsgestaltung." (Überblick, Informationen aus dem Institut Beatenberg 2009, S. 1)

Begriffe wie Selbststeuerung, Selbstkonzept, Selbstregulation, Selbstwirksamkeit sind Konstrukte, die in unterschiedlichen theoretischen Kontexten und unterschiedlichen wissenschaftlichen Disziplinen entwickelt wurden. Mit der Konzeptentwicklung und wissenschaftlichen Auseinandersetzung um die Möglichkeiten der Selbststeuerung durch die Lernenden hat sich so eine vielfältige Begriffslandschaft herausgebildet, in der sich die semantischen Felder zum Teil stark überlappen.

K. KONRAD beschreibt diesen Zustand und filtert drei „tragende Konzepte" des Konstrukts Selbststeuerung heraus: die Selbstregulation, die erlebte Selbststeuerung und die Tätigkeitsspielräume. Er definiert: „Selbstreguliertes Lernen lässt sich als zielorientierter Prozess des aktiven und konstruktiven Wissenserwerbs beschreiben, der auf dem reflektierten und gesteuerten Zusammenspiel metakognitiver, kognitiver und motivational-emotionaler Ressourcen einer Person beruht." (KONRAD 2011, S. 41)

Selbstregulation, Selbststeuerung, Tätigkeitsspielräume

In dem Begriff Selbstregulation ist nach Konrad der Fokus vor allem auf die „Handlungsregulation" gerichtet. Es geht um „die innere" Lernprozessstrukturierung durch die Lernenden selbst (vgl. KONRAD 2011, S. 40). Der Begriff „erlebte Selbststeuerung" verweist darauf, dass es vor allem darauf ankommt, wie der Lernende sein Handeln wahrnimmt, ob er es als selbstgesteuert empfindet. Das hat Konsequenzen vor allem für die diagnostischen Aktivitäten im Prozess der Lernberatung. „Förderdiagnostik ist immer ökologisch – im Sinne einer Person-Umfeld-Analyse – ausgerichtet. Dabei geht es nicht um den Aufweis vermeintlich objektiver Bedingungen. Im Mittelpunkt steht, wie das lernende Individuum Lern- und Lebenssituationen wahrnimmt und interpretiert." (KONRAD 2011, S. 52)

Dass Selbststeuerung Voraussetzungen in der Gestaltung der Lernarrangements braucht, ist unter dem Konzept „Tätigkeitsspielräume" beschrieben. Konrad nennt drei Teilaspekte: Entscheidungsspielraum, Gestaltungsspielraum, Handlungsspielraum. Auf Selbststeuerung ausgerichtete Lernarrangements müssten folglich die folgenden Merkmale aufweisen:

- In der Lernsituation sind Spielräume der Lerner für die Festlegung von Lernzielen, Lernzeiten und Lernmethoden vorhanden oder erschließbar.
- Die Lernenden treffen folgenreiche Entscheidungen für das eigene Lernen und können diese im Lernhandeln realisieren.
- Bei auftretenden Schwierigkeiten können die Lernenden angemessene Strategien einsetzen oder sich selbst kontrollieren und ggf. ihr Handeln neu ausrichten.
- Die lernrelevanten Entscheidungen werden subjektiv als persönliche Verursachung der Lernergebnisse erlebt.

Die o.g. Lernarrangements (Lernbüro, Werkstatt, Projekt) bieten die Möglichkeit, diese Kriterien umzusetzen. In der praktischen Gestaltung dieser Arrangements haben sich dazu noch Instrumente herausgebildet, die eine differenzierte Erfassung der Kompetenzen erleichtern, wie z. B. das Raster für die Niveaustufen der Selbststeuerung im Theresianum Ingenbohl (s. Kapitel 4.7).

Die Fähigkeit zur Selbstregulation ist nicht nur im Rahmen des Lernkonzeptes „Individualisierung" eine zentrale Bedingung, sondern hat durchaus eine allgemeine Bedeutung. „Angesichts der mangelnden Vorhersagbarkeit dessen, welches Wissen Jugendliche als Erwachsene benötigen werden, erscheint es sinnvoll, von einem dynamischen Modell des kontinuierlichen Weiter-, Um- und Neulernens auszugehen. – Selbstreguliertes Lernen ist als ein zentrales Element in jenem Modell des dynamischen Wissenserwerbs anzusehen." (Baumert u. a. 2000, S. 2)

1.3 Rollenwandel für Lehrer und Schüler

Für viele Lehrerinnen und Lehrer wird ein Umdenken dennoch unumgänglich sein. „Der Wandel, auf den sich Lehrerinnen und Lehrer einlassen, ist zwar nicht so offen sichtbar, aber er ist tiefgreifend. Und er vollzieht sich gleichzeitig auf verschiedenen Feldern. Begriffe wie Lernbegleitung, Lernberatung und Coaching im Kontext der Unterrichtsentwicklung dokumentieren, dass Lehrerinnen und Lehrer nicht mehr nur als Vermittler oder Vorgebende gefragt sind, sondern ihr Rollenverständnis umfassender definieren müssen. Kompetenzorientierung, Selbststeuerung und Förderung im Unterricht verlangen ein erweitertes Aufgabenverständnis und neue Tätigkeitsschwerpunkte." (Paradies/Wester/Greving 2010, S. 158)

Um dem Risiko eines Missverständnisses vorzubeugen, sollte deutlich gesagt werden, dass die Verantwortung für das Lernen den Lehrkräften nicht abgenommen werden kann. Kiper/Mischke fassen dies positiv unter dem Begriff „Lernbegleitung": „Das bedeutet, dass unter selbstgesteuertem Lernen nicht die Entlassung der Lehrkräfte aus der Verantwortung für den Lernprozess der Lerner verstanden werden darf, sondern die Vermittlung von Metakompetenzen, damit die Lerner auf neue Anforderungen reagieren können. Der Prozess der Aneignung dieser Metastrukturen erfordert die Begleitung durch Experten, z. B. zur Bewusstmachung von Lernprozessen, zur Überwindung von Lernplateaus, zur Behebung individueller Schwächen, zur Kontrolle und Bewertung prozessualer Vorgänge, aber auch zur Bewusstmachung und Steuerung von Einstellungen und Ansichten." (Kiper/Mischke 2008, S. 59)

Die neue Herausforderung für die Lehrkräfte ist, mit Blick auf das selbstgesteuerte Lernen, konkrete Anforderungssituationen zu arrangieren, in denen Schülerinnen und Schüler erfahren und zeigen können, was sie wissen und können, und die Lernsituationen so zu arrangieren, dass sie das auch tatsächlich lernen können. Es geht darum, die Möglichkeiten zur Selbststeuerung und Übernahme von Mitverantwortung im Lernprozess zu erhöhen.

Anforderungssituationen arrangieren

Erfahrungen liegen dazu in anderen Ländern schon länger vor, z. B. mit dem Konzept des „Student-Involved Assessment for Learning" in den USA. „We can use classroom assessment as far more than merely a source of evidence for grading. We also can use it to build studentconfidence, motivation, and engagement in their learning. (…) We can promote such learning success with deep student involvement in the classroom assessment, record keeping, and communication process." (Stiggins/Chappuis 2011, Vorwort)

Dass der geforderte Wandel für die Lehrerinnen und Lehrer mit Lernen verbunden ist, ist offenkundig. Aber er ist offensichtlich auch attraktiv, wie die Aussagen von Lehrerinnen und Lehrern vermuten lassen. Ein Bericht aus der Gesamtschule Winterhude in Hamburg sei als Beispiel zitiert: „Die PädagogInnen, die in der Stufe 5 bis 7 im Lernbüro (aber auch in den Projekt- und Werkstatt-Blöcken) arbeiten, haben sich seit dem Start der neuen Unterrichtsstruktur auf einen (Lern-)Prozess eingelassen, der Veränderungen in vielerlei Hinsicht mit sich bringt – vor allem in Hinblick auf die (Klassen-)Leitungsrolle von Lehrern:

(…) Haben wir früher das Hauptaugenmerk auf das Voranschreiten der ganzen Klasse gelegt, ermöglicht und fordert die steigende Individualisierung tiefere Einblicke in die Situation jedes/r einzelnen Schülers/in. Wir sind zunehmend ‚dichter dran‘, müssen lernen, genauer zu schauen und zu verstehen und uns um passende individuelle ‚Lösungen‘ bemühen. Wir Pädagogen erfahren nun tagtäglich, was Lernberatung und Coaching bedeuten. Viel mehr als früher zwingt uns die alltägliche Arbeit zu erkennen, wie wenig wir doch über das Lernen wissen und wie viel wir noch zu lernen haben." (HOLGER BUTT: Eine neue Lehrerrolle – Erfahrungen aus dem Lernbüro; in: Lernende Schule Nr. 30/2005; PDF-Datei)

Selbstgesteuertes Lernen ist nicht auf Knopfdruck abrufbar. Die für die Selbstregulation notwendigen Kompetenzen sind komplex. Aus diesem Grunde ist es empfehlenswert, die Schüler schrittweise auf die Selbststeuerung des Lernens vorzubereiten (s. Kapitel 5). Aus der Erfahrung bieten sich dafür verschiedene Ansatzpunkte an, zu denen vermutlich in jeder Schule Erfahrungen, Materialien, Modelle oder Konzepte zumindest ansatzweise vorliegen.

Zentrale Aufgabe für die Lehrkraft nach KIPER/MISCHKE ist es, eine Metaebene anzulegen, in der die Zielfindung, Planung und Reflexion der Schüler organisiert werden kann. Die Lehrkraft „muss

- inhaltliches Wissen über Selbsregulation vermitteln,
- Aufgaben zur Selbstregulation mit dem Unterricht und hier den Aufgabenstellungen verknüpfen,
- auf die Wichtigkeit der Anleitung des eigenen Lernprozesses durch Selbstinstruktion und die Überwachung des Lernprozesses durch Selbstmonitoring hinweisen,
- hilfreiche und störende Faktoren im Lernprozess ansprechen,
- selbst Modell sein und Modelle anderer bereitstellen,
- zum Soll-Ist-Vergleich herausfordern,
- informatives Feedback geben." (KIPER/MISCHKE 2008, S. 64)

Die Anforderung an die Schüler ist hoch. „Wenn Unterricht zugleich Menschen befähigen will, mit Blick auf eigene Zielsetzung und Möglichkeit sich selbst zu bestimmen und zu steuern, sind umfassende Regulationsprozesse anzulegen. (…) dazu gehört, dass die Lernerin oder der Lerner lernt, dass er das Lernen vorbereitet, also Vorwissen aktiviert und Ziele setzt, verschiedene Lernhandlungen durchführt, die für das Verstehen, Problemlösen, Behalten und für den Lerntransfer nötig sind, sein Lernen mit Hilfe von Kontroll- und Eingreifstrategien reguliert, seine Lernleistung evaluiert und dafür Sorge trägt, Motivation und Konzentration aufrechtzuerhalten." (KIPER/MISCHKE 2008, S. 61)

In einzelnen Schulprogrammen oder Konzepten werden die Erwartungen an das Schülerverhalten bzw. die Vorstellungen präzisiert. Das Konzept „SOL" beschreibt mit Blick auf die Schüler u. a.: „Anfangs ist dieser Lernprozess noch durch starke Steuerung und klare Vorgaben bestimmt; erst durch stetige Anwendung entwickelt sich ein Regelsystem mit zunehmender Selbsttätigkeit und Selbstverantwortung der Schüler." (HEROLD/LANDHERR 2003, S. 26) Und weiter: „Im Mittelpunkt steht der handlungskompetente, das heißt der fachlich und überfachlich qualifizierte Lernende. Bildung vollzieht sich als Selbstbildung, als aktiver Prozess der Aneignung und Ausübung von Wissen und Können." (ebd.)

Ausblick

Es gibt eine Reihe von offenen Fragen und interessanten Diskussionsaspekten, die sich mit dem Konzept der Individualisierung verbinden, z. B. die Frage nach der Effektivität individualisierender Lernorganisation, ausgelöst durch die Veröffentlichungen der Metaanalysen von JOHN HATTIE (vgl. HATTIE 2009 und 2012). Die Studie wird häufig gelesen als Plädoyer für die Stärkung der Rolle des Lehrers als Instrukteur.

Der genauere Blick auf die Liste der Einflussfaktoren auf den Lernerfolg zeigt unserer Meinung nach etwas anderes. Die Formulierung eigener Erwartungen (Rang 1), die Evaluation im Prozess (Rang 5), das Feedback (Rang 10) und die Entwicklung metakognitiver Strategien (Rang 14) zeigen hohe Effektstärken. Sie sind konstitutiv für die Lernarrangements im Konzept Individualisierung und werden gefördert in der darauf bezogenen Lernberatung.

Es gibt mittlerweile eine große Zahl von Schulen, die mit dem Lernkonzept Individualisierung sehr erfolgreich sind. Dies belegen Ergebnisse in Vergleichsstudien wie VERA oder in Large-Scale-Untersuchungen wie PISA. Diese Schulen sind mehrfach ausgezeichnet. Sie bieten Anschauungsmöglichkeiten für eine gute Praxis und für die Erkenntnis, dass die Qualität der Entwicklung des Lernens und Lehrens sich am Ende auf der Ebene der Einzelschule entscheiden lässt (vgl. KAHL 2011).

Rang	Effekte	Effekt-stärke
1.	Self-reported grades/Students expectations	1,44
2.	Piagetian programs	1,28
3.	Response to intervention	1,07
4.	Teacher credibility	0,90
5.	Providing formative evaluation	0,90
6.	Micro-Teaching	0,88
7.	Classroom discussion	0,82
8.	Comprehensive interventions for learning disabled students	0,77
9.	Teacher clarity	0,75
10.	Feedback	0,75
11.	Reciprocal teaching	0,74
12.	Teacher-students relationships	0,72
13.	Spaced vs. mass practise	0,71
14.	Meta-cognitive strategies	0,69
15.	Acceleration	0,68

(nach HATTIE 2011, S. 251)

1.4 Beratung und Coaching in der Schule

Die Lernberatung in und außerhalb des Unterrichts ist das Element der Lehrerrolle, zu dem vermutlich am wenigsten Erfahrungen und entsprechend professionelle Kompetenz erwartet werden können.

„Handlungsspezifisches Wissen ist erforderlich, um die jeweilige Problemlage angemessen verstehen zu können. Hierzu ist es notwendig, am fachspezifischen Diskurs (z. B. der Pädagogik, der Pädagogischen Psychologie oder der Fachdidaktik) teilzunehmen. (…) Kenntnisse im fachlichen Bereich sagen aber alleine noch nichts über die Qualität der Beratung aus. "

(SCHNEBEL 2007, S. 23)

Techniken, z. B. Gesprächsführung, Fragetechnik, Formen der Visualisierung und Methoden, subjektive Theorien sichtbar werden zu lassen, sowie Instrumente wie Zielvereinbarung, Lernvertrag, Kompetenzraster, Lernlandkarten sind erprobt und vielfach in Schulen eingesetzt. Sie gehören in das Interaktionswissen der Lernberater. Auf der Basis dieser Erfahrungen kann sich eine induktive und kooperative Beratungssituation entwickeln, auch wenn die Beziehung zwischen Lehrern und Schülern nicht wirklich symmetrisch werden kann. „Aber Wertschätzung und Akzeptanz lassen sich sowohl in symmetrischen als auch in komplementären Beziehungen aufbauen, von Lehrern im Konzept der Individualisierung umso leichter, da sie generelle Merkmale der Beziehung zwischen Lehrern und Schülern sind." (Wester 2012, S. 10)

Die Option eines neuen, von beiden Seiten aktiven Zusammenwirkens von Lehrkräften und Lernenden wird realistisch in einem Konzept der Lernberatung, das sich an allgemeinen Grundsätzen von Beratung oder Coaching orientiert.

Beratung und Coaching

In allen Beschreibungen zum Thema Beratung wird zunächst auf das Alltagsverständnis von Beratung Bezug genommen. Beratung wird dort verstanden als „einen Rat geben". Davon unterschieden wird professionelle Beratung. Als generelles Merkmal wird dabei die Hilfe, die Klienten von der Beratung erwarten können, als „Hilfe zur Selbsthilfe" charakterisiert. Diese Unterscheidung auf den Schulalltag bezogen macht schon deutlich, dass zwar Beratung schon immer eine zentrale Rolle in der Schule gespielt hat, aber in den allermeisten Fällen als „Ratschlag", geprägt von einer komplementären Beziehung, in der nicht nur die Erfahrungen des Beratenden, sondern auch vielfach seine Macht die Annahme ratsam erscheinen ließ. Der Satz – „Auch gute Ratschläge sind Schläge." – könnte aus der Schule stammen.

Professionelle Beratung ist durch Merkmale gekennzeichnet, die sie absetzen von der skizzierten Alltagsvariante. „Zusammenfassend können als Merkmale professioneller Beratung festgehalten werden:

Merkmale professioneller Beratung

- Methodisches Vorgehen
- Ein aktiver Lernprozess soll in Gang gesetzt werden
- Symmetrie der Berater-Klient-Beziehung
- Freiwilligkeit und Eigenverantwortlichkeit als Grundlagen für den Beratungsprozess
- die Eigenbemühungen des Ratsuchenden werden unterstützt: Hilfe zur Selbsthilfe
- bewusste Wahrnehmung des Problems

- Zielrichtung der Veränderung soll sich an den Kompetenzen des Rat-
  suchenden orientieren
- Der Berater, die Beraterin übt die Beratung als Teil bzw. Schwerpunkt
  ihrer beruflichen Tätigkeit aus
- Klares Aufgabenprofil der Beraterin, des Beraters
- Beraterin/Berater verfügt über Wissen und Kompetenzen bezüglich des
  spezifischen Handlungsfelds und bezüglich des Beratungsfelds
- Klare und transparente zeitliche, räumliche und methodische Struktur"
  (SCHNEBEL 2007, S. 23)

Um diesen Anforderungen gerecht werden zu können, postuliert Schnebel
eine „Doppelverortung von Beratung" im Handlungswissen der Berater. Sie
setzt voraus, dass es ein „Beratungs- und Interaktionswissen" und ein
„handlungsspezifisches Wissen" gibt (SCHNEBEL 2007, S. 24). Aus der syste-
misch orientierten Beratung kommt noch mindestens eine Anforderung
hinzu: „Beratung ist nur möglich, wenn zwischen Klienten und Beratern
eine ‚Systemgrenze' besteht. Ein Klient kommt mit einem Problem zum Berater, aber nicht der Berater mit einem Problem zum Klienten. Beratung ist
auch nicht möglich, wenn Berater und Klient miteinander Probleme
haben." (KÖNIG/VOLMER 2008, S. 55)

Im „Institute for Advanced Studies" der Universität Kiel sind Qualifizie-
rungsprogramme und Zertifizierungen für das Lerncoaching entwickelt
worden. Darunter wird ein professionell gestalteter Beratungs- und Begleit-
prozess verstanden, um individuelle Entwicklung zu fördern. „Lerncoaching unterstützt und begleitet personales, gruppales und organisationales
Lernen auf vereinbarter Basis in geeigneten Lern- und Beratungssettings
durch Methoden induktiver Beratung und Intervention mit dem Ziel, Aufgaben, Probleme, Situationen und Herausforderungen beim Aufbau und
bei der Erweiterung von Lernkonzepten, Selbstmanagement und Wissensorganisation bewältigen zu können." (U. HAMEYER, W. PALLASCH (2009): Beratung als Lernhilfe; in: Lernende Schule, Heft 45, 12. Jg., S. 4)

Was bedeutet das nun für die Lernberatung? Sind die genannten Anforderungen überhaupt in der Schule umzusetzen?

SCHNEBEL konstatiert entsprechend: „Schule ist primär keine Beratungsein-
richtung. Ihre Aufgabe besteht darin, Schülerinnen und Schülern lernen zu
ermöglichen und deren persönliche Entwicklung zu fördern. Dieser gesell-
schaftliche Auftrag prägt die institutionelle Verfasstheit der Schule und das
Selbstverständnis der Lehrkräfte." (SCHNEBEL 2007, S. 25) Sie nennt neun

Merkmale, die schulische Beratung von Beratung in anderen Organisationen oder Situationen trennen hilft:

Merkmale schulischer Beratung

1. „Lehrkräfte sind (meist) keine professionellen Berater.
2. Berater/innen in der Schule sind (häufig) Teil des Systems.
3. Die Themen der Beratung stammen ebenfalls aus dem System.
4. Freiwilligkeit als wichtiges Element von Beratung ist nur teilweise gegeben.
5. Häufig spielen eindeutige oder verdeckte Hierarchien eine Rolle.
6. Verantwortlichkeiten und Zuständigkeiten sind in vielen Fällen nicht von vornherein klar.
7. Der zeitliche Rahmen ist meist stark beschränkt.
8. Rollenkonflikte der Lehrkräfte bestehen.
9. Möglicherweise divergieren die Zielsetzungen der Beteiligten."
(SCHNEBEL 2007, S. 26)

Dass sich angesichts dieser Situation in der Schule gerade die Beratung als ein diffuses, in Teilen auch konfliktträchtiges Feld darstellt, ist leicht zu erahnen. Auf der abstrakten Ebene ließe sich die Problematik durch ein der Schule angepasstes Rahmenmodell lösen, indem eine „schulpädagogische Beratungstheorie" konzipiert wird (vgl. SCHNEBEL 2007, S. 29 ff.).

In der Praxis haben sich allerdings auch Modelle entwickelt (vgl. Kapitel 3), die diesen Anpassungsprozess von zwei Seiten betrieben haben. Auf der einen Seite wurde versucht, die Interaktionskompetenz in Beratungssituationen zu erweitern, auf der anderen Seite haben sich, wie oben dargestellt, Interaktionsformen in den Lernarrangements entwickelt, in denen die Selbstverantwortung der Lernenden zu einem zentralen Ziel des Lernens wird.

Welche Optionen ergeben sich für die Schule?

1. Erweiterung des Wissens der beteiligten Erwachsenen über Lernstrategien, Selbstregulation, Aufbau und Wirkung von Selbstkonzepten und Situationen, in denen sich aus Kompetenzerleben Selbstwirksamkeitsgefühle entwickeln können
2. Schulung der Interaktionskompetenz (role taking etc.) bzw. der kommunikativen Kompetenz (Empathie, Rollendistanz, Ambiguitätstoleranz); z. B. sich nicht darauf einzulassen, dem verständlichen Wunsch eines Schülers in einer Beratung nachzukommen, eine Rückmeldung zu bekommen, ob eine Lösung falsch oder richtig ist, wenn das Ziel ist, das selbst zu kontrollieren.

3. Beratungssettings zumindest in der Anfangsphase sehr fest zu machen, die Sitzungen zu ritualisieren, um gemeinsame, vergleichbare Erfahrungen der Schüler und Sicherheit bei den Lehrkräften zu schaffen sowie die Einhaltung eines vereinbarten Zeitbudgets zu sichern (vgl. FISCHER, Coaching in Klassen des Übergangssystems: Ein Modellversuch, in: Wirtschaft und Erziehung 9/2009, 61. Jahrgang, S. 263).

4. Aufbau eines gestuften Beratungsangebotes, das auch die Möglichkeit bietet, mit einem Problem zu einem Berater zu gehen, der zumindest nicht Teil des Systems „Ich und meine Klasse" ist und damit eine größere Distanz besitzt.

5. Etablierung eines Gesprächsangebotes (regelmäßige Lernentwicklungsgespräche), das den Status der Besonderheit einer Beratung reduziert; Schaffung von Rückmeldesituationen, die im Setting nahe an Beratungssituationen heranreichen.

6. Orientierung an Begabungsförderung statt an Problem- oder Defizitanalyse.

7. Methoden und Instrumente, die es Schülern leichter machen, sich aktiv in den Beratungsprozess einzubringen (Portfolio, Lerntagebuch etc.) oder um Beratung nachzufragen.

8. Methodische Hilfen zur Klärung von Situationen bzw. zum Ausdruck subjektiver Sichtweisen der Schüler oder auch der erwachsenen Beteiligten (Bilder, Metaphern, Strukturlegetechnik, etc.); Stichwort „induktive Beratung".

9. Vermeidung von diagnostischen Aktivitäten, aus denen keine konkreten Handlungsempfehlungen abgeleitet werden können, und Erhöhung der Aufmerksamkeit gegenüber diagnostisch nutzbaren Informationen.

10. Stärkung der Aufmerksamkeit gegenüber „inneren Rückmeldungen" z. B. bei der Leistungsbewertung bzw. -rückmeldung.

Um die genannten Optionen zielgerichtet nutzen zu können, ist es vor allem wichtig, dass sich die einzelne Schule auf ein Konzept verständigt, in dem die Formen und Ziele der Beratung in der Schule transparent gemacht werden. Lernberatung ist eine Facette in dem Spektrum der Angebote.

Arbeitsdefinition

Lernberatung heißt, Lernende in der Nutzung von Lernstrategien und der Optimierung ihrer Handlungskontrollen zu unterstützen. Der Grundsatz der Selbststeuerung gilt auch für die Lernberatung. Das heißt, die Hilfe zur Selbsthilfe richtet sich darauf, die Kontrolle und Steuerung des Lernprozesses durch den Lerner (wieder) herzustellen. Lernberatung ist nicht nur auf die Bearbeitung von Lernproblemen ausgerichtet, sondern unterstützt Lernende darin, ihre Potenziale auszuloten und ggf. neue Zielperspektiven für sich zu entdecken.

Die die Selbstregulation strukturierenden Schritte werden auch auf die Lernberatung übertragen; d. h., es werden Ziele definiert und Vereinbarungen getroffen, wie der Prozess der Umsetzung beobachtet und wie die Ergebnisse in einer Reflexion bewertet werden können.

Da die so verstandene Lernberatung in der Diagnose sehr dicht an die personenbezogenen Merkmale herangehen kann, ist sie auch mit einem Risiko verbunden. „Personenbezogene Diagnosen, aus denen keine gezielten Handlungsempfehlungen abgeleitet werden können, sind nicht hilfreich, sondern diskriminierend." (Stern, Schubladendenken, Intelligenz und Lerntypen; in: Heterogenität, Friedrich Jahresheft 2004, S. 39) Ethische Grundlagen für eine Strategieentwicklung in der Förderdiagnostik könnten eine Leitorientierung auch für die Lernberatung bieten:

- Die Untersuchungen sollen für den zu Diagnostizierenden hilfreich und so wenig wie möglich belastend sein. Das bedeutet für den Diagnostiker bei jeder Information, nach der er sucht, zu bedenken, ob diese für die Beantwortung der Fragestellung erforderlich ist.
- Professionelle Förderdiagnostik hat gegenüber dem zu Diagnostizierenden transparent zu sein.
- In Deutschland hat jeder Mensch ein Recht auf informelle Selbstbestimmung. Förderdiagnostik darf dieses Grundrecht nicht verletzen (vgl. Jogschies 2008).

Leitlinie sollte sein, die Lernenden in der Beratung als Akteure wahrzunehmen und im Unterricht darauf hinzuwirken, dass die Initiative zur Beratung in erster Linie von den Lernenden ausgeht. Wenn in den Lernarrangements der Grundsatz der Selbststeuerung leitend ist, wenn Lernende zur Zielformulierung und Selbsteinschätzung angehalten werden, werden sich die Rollen in der Beratung entsprechend entwickeln.

Lernende als Akteure wahrnehmen

Beratungskompetenzen sind natürlich nicht nur auf Seiten der Lehrkräfte gefragt, sondern ebenfalls auf Seiten der Schüler. Die Vorbereitung auf Beratungsgespräche, die Fähigkeit zum aktiven Zuhören, die Dokumentation der Vereinbarungen und die Kontrolle, besser das Controlling, sind wesentliche Faktoren auf der Schülerseite, die die Wirksamkeit von Beratung beeinflussen. Sie machen erst die aktive Übernahme von Selbstverantwortung möglich, die sowohl Grundlage für das Gelingen als auch Ziel der Lernberatung oder des Lerncoachings ist.

Beratung am Beispiel von Lernentwicklungsgesprächen

2.1 Der Rahmen

Lernentwicklungsgespräche sind schülerzentrierte, ressourcenorientierte Lehrer-Schüler-Eltern-Gespräche, in denen die Schülerinnen und Schüler ihre im Unterricht und in der Praxis erworbenen fachlichen und überfachlichen Kompetenzen in Bezug auf ihren Lernstand reflektieren und ihre nächsten Schritte zur Erweiterung ihrer Kompetenzen im Hinblick auf eine zielgerichtete Lernentwicklung planen.

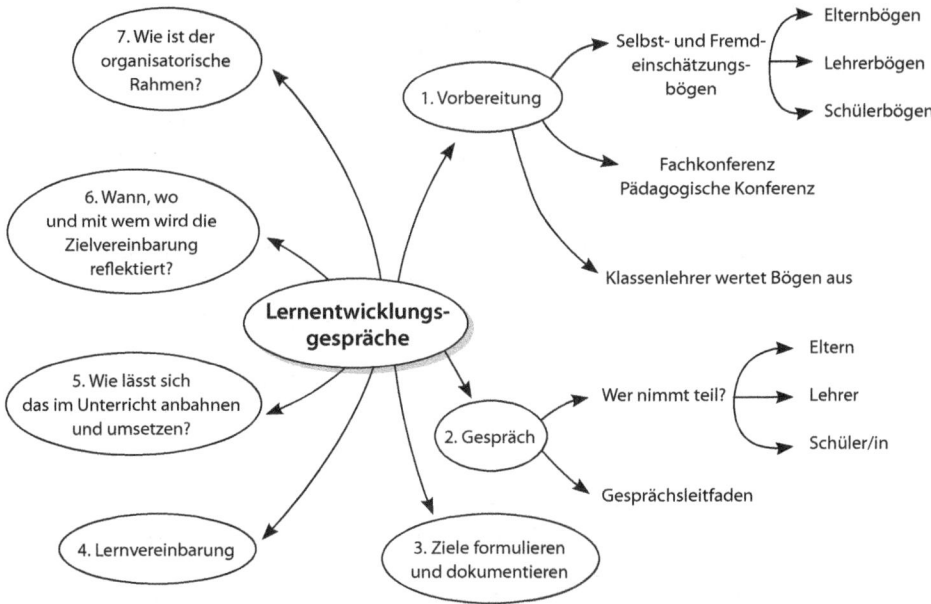

In Hamburg werden die Lernentwicklungsgespräche beispielsweise in allen Schulformen regelmäßig zweimal in einem Schuljahr durchgeführt. Sie dauern in der Regel 30 Minuten. Gesprächsinhalte sind

- die individuelle Lernentwicklung,
- der Lernstand in allen Fächern und Lernbereichen,
- die überfachlichen Kompetenzen,
- die nächsten Lernziele und -schritte der Schülerin/des Schülers und
- auf Wunsch: Berufs- und Studienwegeplanung.

Die Lernentwicklungsgespräche lösen die Elternsprechtage ab, bei denen die Information der Eltern über den Lernstand der Schüler im Vordergrund stand. Bei den Lernentwicklungsgesprächen stehen demgegenüber die Schüler und deren individuelle Lernentwicklung im Mittelpunkt. Die Lernentwicklungsgespräche werden von allen Beteiligten vorbereitet und nachbereitet, indem dafür gesorgt werden muss, dass die Schüler ihre dort vereinbarten Ziele auch im Unterricht umsetzen können. Die Schule schafft dafür einen organisatorischen Rahmen.

2.2 Die Vorbereitung

Die Vorbereitung der Schülerinnen und Schüler

Einschätzungs-bögen einsetzen

Die Schülerinnen und Schüler erhalten vor Beginn der Lernentwicklungsgespräche die Möglichkeit, sich selbst einzuschätzen in Bezug auf ihre fachlichen und überfachlichen Kompetenzen und sich bereits darüber Gedanken zu machen, was sie sich als nächsten Schritt vornehmen bzw. was sie sich als Ziel für ihr Lernen im nächsten halben Jahr setzen. Das Landesinstitut in Hamburg und die Schulen haben dafür verschiedene stufenspezifische Einschätzungsbögen besonders bezogen auf die überfachlichen Kompetenzen entwickelt. Zur Selbsteinschätzung bezogen auf die fachlichen Kompetenzen gibt es an einigen Schulen Kompetenzraster oder fachliche Einschätzungsbögen (vgl. dazu die Kopiervorlagen am Ende dieses Kapitels).

Bestenfalls werden die Schülerinnen und Schüler auch schon im Unterricht darauf vorbereitet, zu lernen, sich eigene Ziele zu setzen und sich selbst einzuschätzen (vgl. Kapitel 5.1.).

Die Vorbereitung der Eltern

Die Vorbereitung der Eltern konzentriert sich vorwiegend auf die Einschätzung der überfachlichen Kompetenzen ihrer Kinder.

Bedeutsam ist, dass die Eltern vorab eine Information über die Funktion und den Ablauf der Lernentwicklungsgespräche erhalten. Viele Schulen verbinden diese Information mit der Einladung zu den Lernentwicklungsgesprächen (vgl. Kopiervorlagen am Ende dieses Kapitels).

Die Vorbereitung der Lehrkräfte

Die Lehrkräfte treffen sich vor den Lernentwicklungsgesprächen in Klassen-, Jahrgangs- oder Fachkonferenzen und tauschen sich über die individuellen Stärken und Schwächen ihrer Schülerinnen und Schüler aus. Bestenfalls legen sie gemeinsam den Beratungsschwerpunkt in Bezug auf Ziele fest.

An vielen Schulen wurden überfachliche Einschätzungsbögen entwickelt, die von den einzelnen Lehrkräften bearbeitet und als Vorbereitung für diese Konferenzen genutzt wurden. Für die fachlichen Rückmeldungen verwenden manche Schulen Kompetenzraster, die die Einschätzung des individuellen fachlichen Lernstandes im Vergleich zu den zu erreichenden Standards verdeutlichen. Häufig werden die Bögen der Fachlehrer auch von den Tutoren oder Klassenlehrern zusammengefasst. Über die Frage, wer die Gespräche mit den Schülern führt, gibt es unterschiedliche Varianten. In einigen Schulen übernehmen auch Fachlehrer die Gesprächsführung; überwiegend führen jedoch die Klassenlehrer bzw. Tutoren selbst die Gespräche.

Name:			Klasse:		Datum:	

Selbsteinschätzungsbogen Klasse 1/2

		☺☺	☺	☹	☹☹
Soziale Kompetenz	Ich fühle mich in der Klasse wohl.				
	Ich bin freundlich.				
	Ich helfe anderen.				
	Ich halte Regeln ein.				
	Ich höre anderen zu.				
Arbeitsverhalten	Ich komme pünktlich in den Unterricht.				
	Ich habe meine Schulsachen dabei.				
	Ich arbeite konzentriert.				
	Ich lerne gerne Neues.				
	Ich mache meine Hausaufgaben.				
	Ich mag schwere Aufgaben.				

_____

Unterschrift der Schülerin/des Schülers

Name:		Klasse:	Datum:

Selbsteinschätzungsbogen Klasse 3/4

	☺☺	☺	☹	☹☹
Ich gehe gern in die Schule.				
Ich fühle mich in der Klasse wohl.				
Ich habe meine Unterrichtsmaterialien vollständig dabei.				
Ich kann meinen Arbeitsplatz einrichten.				
Ich kann meine Arbeit planen.				
Ich fange schnell mit der Arbeit an.				
Ich arbeite selbstständig.				
Ich kann mich auf meine Arbeit konzentrieren.				
Ich schaffe meine Aufgaben.				
Ich kontrolliere und verbessere Arbeitsergebnisse.				
Ich kann der Klasse meine Arbeit vorstellen.				
Ich führe Hefte und Mappen sorgfältig.				
Ich mache zuverlässig meine Hausaufgaben.				
Ich beteilige mich am Unterrichtsgespräch.				
Ich halte Regeln ein.				
Ich kann anderen zuhören.				
Ich kann mit anderen Kindern zusammen arbeiten.				
Ich erledige meine Dienste zuverlässig.				
Ich verhalte mich anderen gegenüber freundlich.				
Ich helfe anderen gerne.				
Ich kann sagen, wie ich mich fühle.				
Ich kann meine eigene Meinung vertreten.				
Ich kann Kritik annehmen.				
Ich kann Probleme in Gesprächen lösen.				
Ich traue mir etwas zu.				
Ich strenge mich gern an.				

_____

Unterschrift der Schülerin/des Schülers

Name: Klasse: Datum:

Beobachtungsbogen zur Vorbereitung von Lernentwicklungsgesprächen

	Deu	Mat	Lat	Eng	Gri	Bio	Che	Phy	Geo	Rel	Kun	Mus	Spo
Selbstkompetenz Du bringst den Unterricht durch deine Beiträge voran.													
Du arbeitest aufmerksam und konzentriert.													
Du bereitest dich zuverlässig auf den Unterricht vor (z.B. durch Hausaufgaben).													
Du arbeitest und lernst selbstständig.													
Du hältst Regeln ein.													
Sozialkompetenz Du kannst anderen zuhören und gehst auf ihre Gesprächsbeiträge ein.													
Du kannst gut mit anderen in einer Gruppe arbeiten.													
Du übernimmst Dienste in der Klasse und erledigst sie zuverlässig.													
Lernkompetenz Du hast Ziele und strengst dich an, diese zu verwirklichen.													
Du kannst deine Fähigkeiten gut einschätzen.													
Du kannst deine eigene Meinung begründet vertreten.													
Du kannst Kritik annehmen und dein Handeln entsprechend ausrichten.													

Gib als Beurteilungswerte 1 bis 4 an.

Elterninformation

Liebe Eltern der Klasse _____,   Ort, _____

in den nächsten Tagen nehmen Sie an einem ca. 30-minütigen „Lernentwicklungsgespräch" teil. Dabei geht es insbesondere um die Stärken und Schwächen Ihres Kindes. Am Ende dieses Gesprächs werden alle Beteiligten (Kind, Eltern, Lehrerinnen/Lehrer) eine „Lernvereinbarung" unterschreiben. Darin setzen sich Kinder individuelle Ziele, die sich aus dem Gespräch ergeben. Sie sind ein wichtiger Begleiter Ihres Kindes; deswegen ist aus unserer Sicht Ihre Teilnahme am Gespräch notwendig.
Mit den Kindern wird das „Lernentwicklungsgespräch" in der Schule vorbereitet. Damit auch Sie sich darauf vorbereiten können, bitten wir Sie, folgenden Bogen auszufüllen und zum Gespräch mitzubringen.

Mit herzlichen Grüßen

_____

	(fast) immer	in der Regel	selten
Mein Kind geht gerne zur Schule.			
Mein Kind gibt Briefe, Mitteilungen und Einladungen der Schule zuverlässig ab.			
Mein Kind macht selbstständig Hausaufgaben.			
Ich habe Zeit, mich um die schulische Entwicklung meines Kindes zu kümmern.			

Darin sehe ich die Stärken meines Kindes:

_____

_____

_____

Das ist mir noch wichtig:

_____

_____

_____

Name:	Klasse:	Datum:

Vorbereitungsbogen zum Lernentwicklungsgespräch – Eltern

Gesprächstermin: _____

☺   Die Stärken meines/unseres Kindes sehe ich/sehen wir in den folgenden Bereichen:

⚠   Unterstützungsbedarf sehe ich/sehen wir in den folgenden Bereichen:

♡   Als Eltern können wir/kann ich sie/ihn so unterstützen:

!   Das ist mir/uns noch wichtig:

Beobachtungsbogen für Klassenlehrer und Fachlehrer 1

	Deu	Eng	Ma	SU	Tech-nik	Darst. Spiel	Rel	Kun	Mus	Spo
Du kannst dich auf etwas konzentrieren. ++ + − −−										
Du bist daran interessiert, Neues zu lernen. ++ + − −−										
Du kannst Gelerntes wiedergeben und dir Neues gut aneignen. ++ + − −−										
Du kannst logische Zusammenhänge erfassen und Schlussfolgerungen ziehen. ++ + − −−										
Du machst zuverlässig deine Hausaufgaben. ++ + − −−										
Du arbeitest selbstständig. ++ + − −−										
Du kannst deinen eigenen Lernprozess planen. ++ + − −−										
Du kannst deine Arbeitsergebnisse präsentieren. ++ + − −−										
Du hast dein Unterrichtsmaterial immer dabei. ++ + − −−										
Du hältst Regeln ein. ++ + − −−										
Du kannst anderen zuhören und gehst auf ihre Gesprächsbeiträge ein. ++ + − −−										

Lernmethodische Kompetenzen

Soziale Kompetenzen

Name: Klasse: Datum:

Beobachtungsbogen für Klassenlehrer und Fachlehrer 2

		Deu	Eng	Ma	SU	Tech-nik	Darst. Spiel	Rel	Kun	Mus	Spo
Soziale Kompetenzen	Du kannst gut mit anderen in einer Gruppe arbeiten. ++ + – – –										
	Du übernimmst zuverlässig Dienste für die Klasse. ++ + – – –										
	Du bist rücksichtsvoll. ++ + – – –										
	Du verhältst dich anderen gegenüber freundlich und bist aufgeschlossen ++ + – – –										
Selbst-Kompetenzen	Du kannst dein Können gut einschätzen. ++ + – – –										
	Du traust dir etwas zu und willst etwas leisten. ++ + – – –										
	Du kannst dein Lernen und Handeln selbst in die Hand nehmen. ++ + – – –										
	Du kannst ausdauernd arbeiten. ++ + – – –										
	Du kannst deine eigene Meinung vertreten. ++ + – – –										
	Du kannst Kritik annehmen und dein Handeln entsprechend ändern. ++ + – – –										

Name: _____ Klasse: _____ Datum: _____

Vorbereitungsbogen für Schülerinnen und Schüler zum Lernentwicklungsgespräch

Das kann ich besonders gut:

_____

_____

_____

_____

Das fällt mir schwer:

_____

_____

_____

_____

Daran möchte ich arbeiten:

_____

_____

_____

_____

Wer oder was kann mir dabei helfen?

_____

_____

_____

_____

2.3 Die Durchführung

Für die Durchführung der Lernentwicklungsgespräche stehen im Höchstfall 30 Minuten zur Verfügung, d.h., es braucht eine klare Strukturvorgabe, da sowohl der Lernstand bezogen auf die Standards als auch die individuelle Lernentwicklung bezogen auf fachliche und überfachliche Kompetenzen sowie die nächsten Schritte des Lernens Gegenstand des Gesprächs sein sollen. Da nicht über alles berichtet werden kann, sondern hier die Schülerinnen und Schüler im Mittelpunkt stehen, ist eine Bündelung der Stärken und Schwächen notwendig.

Phasen des Lernentwicklungsgespräches
Folgende Phasen beinhaltet ein Lernentwicklungsgespräch:

Phase 1:
- Herstellen einer konstruktiven Gesprächsatmosphäre
- Transparenz schaffen über Ziele, Ablauf und Zeitplanung des Gesprächs

Phase 2:
- Vorstellen der eigenen Lernentwicklung durch den Schüler
- Formulieren der Stärken und der Baustellen

Phase 3:
- Wahrnehmung durch die Eltern

Phase 4:
- Beschreibung der Lernentwicklung des Schülers durch die Lehrkraft
- Formulierung der Stärken und Baustellen

Phase 5:
- Abgleich zwischen Selbst- und Fremdwahrnehmung

Phase 6: Zielfindung
Lernvereinbarung: gemeinsame Auswahl von Schwerpunkten der Lernplanung
- Festlegung der Ziele (höchstens zwei bis drei) durch den Schüler – auch aus dem Bereich der Stärken
- Formulierung der Ziele als Lernvereinbarung:
  - Was nehme ich mir vor?
  - Was will ich dafür tun?
  - Wer kann mich wie unterstützen?
  - Woran kann ich erkennen, dass ich mein Ziel erreicht habe?
  - Wann will ich dieses Ziel erreicht haben?

- Lehrer und Eltern helfen bei der Zielformulierung.
- Lehrer achtet darauf, dass die Kriterien zur Zielformulierung eingehalten werden.
- Die Lernvereinbarung wird von den Beteiligten unterschrieben.

Phase 7:
- Zusammenfassung und Rückmeldung zum Gespräch

Von der Zeiteinteilung her ist es hilfreich, sich daran zu orientieren für die Phase 6 und 7 noch die Hälfte der Zeit zu reservieren.

Leitfaden für das Lernentwicklungsgespräch
In der folgenden Abbildung ist die Rolle der Beteiligten (Lehrer, Schüler, Eltern) zusammengefasst.

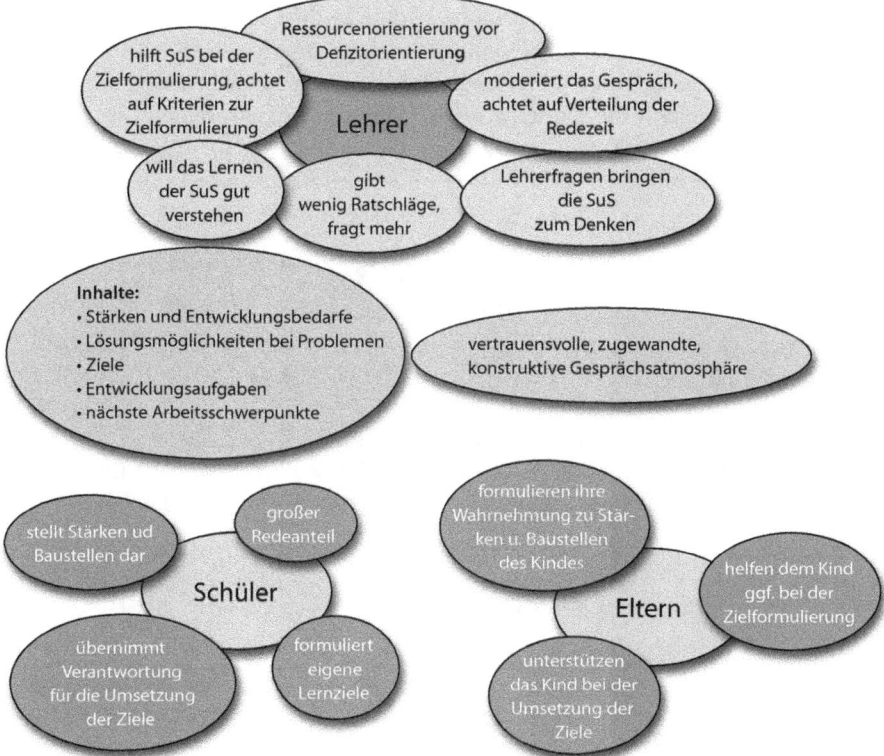

MARGRIT LIEDTKE-SCHÖBEL

2.4 Hilfreiche Fragen

Die im Folgenden vorgestellten systemischen Fragen (vgl. RADDATZ 2009) eignen sich besonders gut für Lernentwicklungsgespräche und die am Ende zu treffenden Zielvereinbarungen. In den Lernentwicklungsgesprächen geht es weniger darum, dass Lehrerinnen und Lehrer den Lernenden die Ziele aus Lehrersicht vorgeben, sondern eher darum, die Schülerinnen und Schüler besser zu verstehen und sie dabei zu beraten, dass sie selbst herausfinden können, was für sie der nächste attraktive (weil erfolgverspechende) Lernschritt sein könnte.

Schüler finden eigene Zielvereinbarungen

Häufig nehmen Schülerinnen und Schüler sich etwas für die Zukunft vor, was von ihnen sozial erwartet wird, jedoch nicht wirklich mit ihren Vorstellungen übereinstimmt. Solche Ziele haben allerdings nur wenig Chance auf Realisierung.

Ziele wie z.B. „ich verbessere mich im Mathematikunterricht" oder „ich konzentriere mich mehr" mögen zwar den Lehrpersonen oder Eltern gefallen, sie sind aber weder überprüfbar noch ermöglichen sie eine Erfolgserfahrung für die Kinder, die wiederum die Basis für weitere Lernanstrengungen darstellt.

Schritte zum Erfolg

passende Lernaufgabe — eine kleine Herausforderung — bewältigt — Selbstwirksamkeit — Lernerfolg

(Aus: LIEDTKE-SCHÖBEL 2012, S. 18)

Hypothetische Fragen

Hypothetische Fragen ermöglichen den Gesprächsteilnehmern, sich in die Zielsituation hineinzuversetzen und nehmen damit mögliche Auswirkungen vorweg. Diese sogenannte „As-if-Theorie" (vgl. Watzlawick 2000) ermöglicht das Durchspielen verschiedener Varianten und damit das Ausloten von Folgen zukünftiger Verhaltensweisen.

Wenn man dem Gesprächsteilnehmer die Aufgabe gibt, sich in die „Zielsituation" hineinzuversetzen, dann kann man fragen, welches Verhalten er in dieser Situation zeigen würde, welche Reaktionen er auf dieses Verhalten hin ernten würde und welche weiterführenden Verhaltensweisen diese Reaktionen wiederum bei ihm auslösen würden. Dies eröffnet ihm die Möglichkeit, sich wesentlich klarer für oder gegen das Ziel zu entscheiden, das er erreichen möchte.

Beispiele:
- Angenommen, du wachst morgens auf und dein Ziel wäre erreicht. Wie würde der Vormittag in der Schule für dich aussehen?
- Angenommen, du verhieltest dich ab sofort … Wie würde dein Lehrer/deine Mitschüler/deine Eltern … reagieren?
- Angenommen, du hättest dieses Ziel erreicht, was wäre dann alles anders (bei dir, bei deinen Lehrern, Klassenkameraden …)?
- Angenommen, du würdest das jetzt ab sofort in Angriff nehmen, was würde dein Lehrer als Nächstes tun?
- Angenommen, du setzt diese Schritte/diese Strategie um, welche Auswirkungen hat das auf …?
- Angenommen, wir würden deine Mitschüler/Fachlehrer X … in die Frage mit einbeziehen, was wäre für sie/für ihn wichtig?

Ziel-, lösungs- und ressourcenorientierte Fragen
Ziel-, lösungs- und ressourcenorientierte Fragen sind Fragen, die den Beteiligten zu anderen Denkweisen, neuen Handlungsalternativen und zielorientierten Verhaltensmustern führen.

• Zielorientierte Fragen	→ erarbeiten mit dem Gesprächsteilnehmer, wo er hin will.
• Lösungsorientierte Fragen …	→ erarbeiten eine Lösung (eine Verknüpfung zwischen dem Weg und der Erreichung des Ziels).
• Ressourcenorientierte Fragen …	→ erarbeiten die Fähigkeiten und Möglichkeiten, die dabei unterstützen, das Ziel zu erreichen.

Ziel dieser Fragetypen ist nicht, Ursachen für Probleme zu finden und zu bearbeiten, sondern Ziele und Lösungen in der Zukunft zu erreichen. Sie grenzen sich somit von problemorientierten Fragen ab. Problemorientierte Fragen sollten nur dann verwendet werden, wenn sie über einen möglichst kurzen Umweg zur zielorientierten Lösung führen.

Beispiele:

- Wo willst du hin? Was willst du erreichen? Was ist dein Ziel?
- Woran würdest du merken, dass du dein Ziel erreicht hast?
- Hast du in der Vergangenheit schon einmal etwas erlebt, was dich an die Zielerreichung erinnert? Was genau war das?
- Wer müsste sich wie verhalten, damit du dein Ziel erreichst?
- Was genau müsstest du tun? Was müsstest du mehr/weniger tun?
- Was brauchst du von anderen?
- Was könnte dich beim Erreichen des Ziels unterstützen?
- Welche Unterstützung brauchst du von mir/anderen Personen …?
- Welche Schritte müsstest du gehen, um dein Ziel zu erreichen?
- Welche Möglichkeiten siehst du, deinem Ziel näher zu kommen/dein Ziel zu erreichen?
- Wie könnte dein erster Schritt aussehen?
- Wie kannst du dich in Zukunft anders verhalten?

Skalenfragen

Fragen nach Unterschieden sind besonders wichtig, wenn Denkanstöße beim Gesprächsteilnehmer angeregt werden sollen. Dann muss diesem der Unterschied zwischen problemhaftem und lösungsorientiertem Verhalten oder zwischen verschiedenen lösungsorientierten Verhaltensweisen klar werden. Oft sind diese Unterschiede für den Gesprächsteilnehmer nur sehr schwer in Worte zu fassen – hilfreich zur Deklaration von Unterschieden sind Skalierungen bzw. Skalenfragen.

Bei Skalenfragen geht es nicht um die Höhe der Werte, die der Gesprächsteilnehmer auf der Skala angibt, sondern um die Unterschiede, z. B.

- im Verhalten auf einer bestimmten Stufe im Vergleich zum Verhalten auf einer anderen,
- in den Handlungsweisen, die der Gesprächsteilnehmer setzen muss, um auf dem Skalenwert zu bleiben (Erreichtes zu festigen), um eine Stufe hinunterzurutschen (daraus ergeben sich Handlungsweisen, die er unterlassen sollte, wenn er sein Ziel erreichen will) und um eine Stufe hinaufzukommen (dem Ziel ein Stück näher zu kommen).

Beispiele:
Stelle dir eine Skala von 0 bis 10 vor (0 = negativ/sehr wenig/gar nicht/ ...,
10 = positiv/viel/Ziel erreicht).

- Wo genau stehst du jetzt? Warum?
- Was hast du getan, um zu ... zu kommen? (Diese Ressource für den nächsten Schritt nutzen)
- Welchen Wert willst du realistischerweise in den nächsten ... Monaten/ bis ... erreichen?
- Was müsstest du genau tun/als Nächstes tun ..., um einen Punkt/... Punkte weiterzukommen?
- Wie sieht dein Verhalten auf dieser Stufe dann aus? Was ist dann anders als jetzt?
- Was müsstest du tun, um auf der Skala abzurutschen?
- Woran würdest du merken, dass du bei 10/bei ... angekommen bist? Was machst du dann anders?

Skalenbeispiele:
- Skalen zwischen der einen oder anderen Möglichkeit
- Skalen zwischen der Nichterreichung und der Erreichung des Zieles
- Skalen zwischen dem Nichterfolg und dem Erfolg
- Skalen zwischen der jetzigen Situation und dem erreichten Ziel
- Skalen zwischen einer sehr geringen Intensität und einer hohen Intensität

(Manchmal kann es hilfreich sein, zur visuellen Unterstützung ein Maß-
band, ein Lineal o. Ä. dabei zu haben.)

2.5 Ziele formulieren

Ziele zu haben, hat Vorteile:
- Sie ermöglichen Eigenverantwortung.
- Sie lassen den Fortschritt erkennen.
- Sie bündeln Kräfte.
- Sie vermitteln Sinn.
- Sie lenken den Blick auf angestrebte Ergebnisse.
- Sie entstehen im Kopf.

Die richtige Formulierung des Zieles hat eine große Bedeutung für dessen
Erreichen. Wichtig ist die erfolgreiche Zielerreichung, denn nur durch Erfolge werden Schüler motiviert sein, sich neue Ziele zu setzen.

In einer Reihe von Sprichwörtern und Versen wird die Bedeutung von Zielen aufgegriffen:

„Wer vom Ziel nicht weiß, kann den Weg nicht finden."

(Christian Morgenstern)

„Der Langsamste, der sein Ziel nicht aus den Augen verliert, geht immer noch schneller als der, der ohne Ziel herumirrt."

(Gotthold Ephraim Lessing)

„Wer sich kein Ziel setzt, braucht sich nicht zu wundern, wenn er dort nicht ankommt."

Kriterien für Zielformulierungen

Folgende Kriterien lassen sich für gelungene Zielformulierungen festhalten:

- Das Ziel wird sprachlich in einer **positiven Form** dargestellt: Wir gehen davon aus, dass beim Gedanken an das Ziel ein Bild im Kopf erzeugt wird, es können auch Wörter, Klänge oder Gefühle sein. Würde man ein Vermeidungsziel, etwas, was man nicht tun will, formulieren, hätte dies den Nachteil, dass genau das Bild dessen, was vermieden werden soll, ständig präsent wäre. Das führt dazu, dass das Negative verstärkt wird. Bei einem positiv formulierten Ziel hat man stets das vor Augen, was erreicht werden will. Um diesem Kriterium gerecht zu werden, wird z. B. „Ich störe nicht mehr den Unterricht" umformuliert in „Ich bin aufmerksam und konzentriert". In den Handlungsschritten wird dann genauer formuliert, was man tut um das zu zeigen.
- Das Ziel ist so **präzise** wie möglich formuliert: Je präziser und spezifischer eine Zielbeschreibung ist, desto größer ist der Aufforderungscharakter. Beispielsweise ist die Formulierung des Anspruches, „Ich verbessere meine Schulleistungen", für eine Lernvereinbarung viel zu groß und zu wenig konkret. Die Formulierung sollte so gewählt werden, dass ein konkretes Tun in einem spezifischen Bereich in den Blick rückt. Dieses kann für jeden Schüler sehr unterschiedlich sein. Vielleicht ist der erste Schritt für eine Schülerin: „Ich liege in der Woche um 9.00 Uhr im Bett", oder „Ich packe meine Schultasche am Abend, bevor ich schlafen gehe".
- **Das Ziel ist erreichbar:** Schüler halten es für möglich, ihr Ziel zu einem sehr hohen Prozentsatz zu erreichen. Wenn ein Schüler die Frage: „Zu welchem Prozentsatz glaubst du dein Ziel zu erreichen?" mit unter 80 % beantwortet, ist das Ziel nicht richtig gewählt und muss geändert werden.

- Das Ziel ist **überprüfbar:** Es wird beschrieben, woran zu erkennen ist, dass das Ziel erreicht ist. Ein fester Termin wird genannt.
- Das Ziel liegt im **eigenen Kontrollbereich:** Die Zielerreichung darf nicht von anderen Personen oder äußeren Umständen abhängig sein. Das Ziel muss als „Ich-Satz" so formuliert sein, dass eigene, direkt beeinflussbare Handlungen folgen. „Ich werde pünktlich in die Schule kommen, wenn meine Mutter mich rechtzeitig weckt", ist ein Ziel, dessen Erreichung von der Mutter abhängig ist und somit nicht im eigenen Kontrollbereich des Schülers oder der Schülerin liegt. In der eigenen Verantwortung läge das Ziel, wenn es hieße „Ich bin pünktlich in der Schule". Natürlich kann die Mutter dieses Ziel unterstützen.
- Das Ziel wird in der **Gegenwart** formuliert: Eine Formulierung in der Gegenwart führt dazu, dass das Ziel nicht in ferner Zukunft liegt und somit weit entfernt ist, sondern jetzt mit der Lösung begonnen werden kann. Man kann sich einen inneren Film vorstellen, in dem man so tut, als wäre das Ziel schon erreicht. Das aktive Tun in dieser Formulierung wird durch den Gebrauch von Verben verdeutlicht.
- „Ich würde gern gleich nach der Schule mit den Hausaufgaben beginnen" bleibt mehr auf der Wunschebene als z. B. „Ich beginne gleich nach der Schule mit den Hausaufgaben". Auch die Formulierung „Ich will gleich nach der Schule mit den Hausaufgaben beginnen", ist ungünstig, da hier der Schwerpunkt auf dem „Wollen" liegt und damit keine Umsetzung in eine Handlung erzeugt wird.

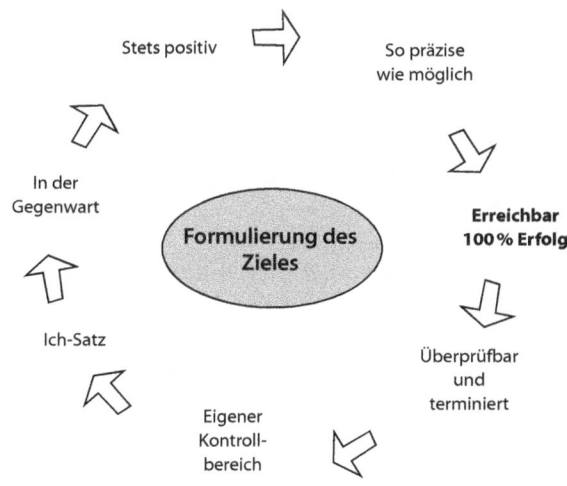

Stets positiv

So präzise wie möglich

In der Gegenwart

Formulierung des Zieles

Erreichbar 100 % Erfolg

Ich-Satz

Überprüfbar und terminiert

Eigener Kontrollbereich

2.6 Lernvereinbarungen mit Schülern treffen

Konkrete Handlungsschritte mit Lernvereinbarungen verbindlich umsetzen

Die Idee, Lernverträge, Lernkontrakte oder Lernvereinbarungen abzuschließen, ist nicht neu. In den Hochschulen der USA gibt es bereits eine lange Tradition in der Arbeit mit Lernvereinbarungen. Studenten setzen sich eigene Ziele und schließen darüber mit ihren Hochschullehrern Verträge ab. Aus der Schweiz sind Lernkontrakte vor allem aus der Begabtenförderung bekannt. Hochbegabte Schüler schließen für besondere Projekte, an denen sie individuell und eigenständig arbeiten, mit ihren Lehrern Lernkontrakte ab. Auch im Rahmen des Qualitätsmanagements gibt es in vielen Betrieben und Institutionen Ziel- und Leistungsvereinbarungen, durch die Prozesse verbindlich und zielorientiert gesteuert werden.

Hilfestellung und Orientierung für Schüler

Schüler erhalten durch eine Lernvereinbarung Hilfestellung und Orientierung zur Erreichung ihrer Ziele. Die Vertragsform verleiht dem Lernprozess eine größere Ernsthaftigkeit. Schülerinnen und Schüler übernehmen Verantwortung für ihr eigenes Lernen.

Mit einer Lernvereinbarung wird ein Schritt auf dem Weg zu einer individuellen Lernplanung in Bezug auf kognitive, methodische, personale und soziale Kompetenzen vorgenommen, und kleinschrittig festgehalten.

Lernvereinbarungen haben eine einfache und persönliche Struktur, in der selbstreguliertes Lernen und eine systematische Kommunikation zwischen Lehrern und Schülern über gemeinsam formulierte Ziele stattfinden kann. Lernvereinbarungen beinhalten:

- Selbst definierte, klare, erreichbare Ziele,
- Schritte, die zu bewältigen sind,
- Verbindlichkeit durch überschaubare Termine,
- Erfolgserlebnisse als Motivation für die nächsten Schritte.

Eine Lernvereinbarung besteht aus sechs Teilen:
1. Ziel: Was möchte ich erreichen? Was nehme ich mir vor?
2. Handlungsschritte: Was will ich tun?
3. Unterstützung: Wer kann mir dabei helfen?
4. Indikator: Woran erkenne ich, dass ich mein Ziel erreicht habe? Mit wie viel Prozent Erfolg rechne ich?
5. Terminierung: Wann will ich dieses Ziel erreicht haben?
6. Datum, Unterschriften (Schüler/Lehrer/eventuell Eltern oder Unterstützer)

Name: _____ Klasse: _____ Datum: _____

Lernvereinbarung

zwischen _____ und

_____

Das ist mein Ziel: _____

_____

_____

Das tue ich dafür: _____

_____

_____

Diese Unterstützung wünsche ich mir

von _____

_____

Daran erkenne ich, dass ich mein Ziel erreicht habe:
(So hoch schätze ich die Wahrscheinlichkeit ein, dass ich mein Ziel erreiche (%))

_____

_____

_____

Die Lernvereinbarung wird überprüft: am: _____ Datum

um: _____ Uhr

Ort: _____ Raum

_____	_____	_____
Datum	Unterschrift Schüler/in	Unterschrift Lehrer/in

Das Ziel formulieren

Formulierung der Handlungsschritte: Hier geht es um das konkrete Tun der Schülerin oder des Schülers. In der Formulierung der Handlungsschritte drückt sich das in der Verwendung möglichst vieler Verben aus. Die Sätze fangen mit „Ich" an.

Einbeziehung der Unterstützer: Die Unterstützung darf nicht so ausgelegt sein, dass die Schülerin oder der Schüler das Ziel nicht eigenständig realisieren kann, dann wäre das Ziel außerhalb des eigenen Kontrollbereichs. Wichtig ist, dass die Unterstützung eine nicht zwangsläufig notwendige Handlung beinhaltet, sondern eher eine Ergänzung darstellt, bzw. die Unterstützung vom Lernenden aktiv eingefordert wird.

Indikatoren benennen: Woran erkennt der Schüler oder die Lehrperson, dass das Ziel erreicht ist? Hier werden eindeutig überprüfbare, messbare Dokumente/Merkmale benannt, die zeigen, dass das Ziel erreicht wurde. Mit der Frage „Wie hoch schätzt du die Wahrscheinlichkeit ein, dass du dein Ziel erreichst?", kann überprüft werden, ob das Ziel wirklich mit den Überzeugungen des Lernenden im Einklang steht. Bei einer Aussage unter 80 % sollte an der Zielformulierung so lange etwas geändert werden, bis der Schüler oder die Schülerin sich eine höhere Erfolgsquote zutraut.

Terminsicherheit und Unterschrift: Durch die Angabe eines Termins wird das Vorhaben in einen verbindlichen Rahmen gestellt und erhält Ernstfallcharakter. Die Unterschrift dokumentiert, dass die Partner (also sowohl Lehrer als auch Schüler) sich an diese Vereinbarung halten wollen.

Was tun, wenn die Ziele erreicht wurden?

Erfolg würdigen

Lehrer und Mitschüler nehmen eine wertschätzende Haltung ein, der Erfolg der Schülerin bzw. des Schülers wird gewürdigt. Vielleicht gibt es ein **Erfolgsjournal** auf einer Pinwand in der Klasse, in das alle erfolgreich abgeschlossenen Lernvereinbarungen eingetragen werden. Vielleicht schreibt der Lehrer bzw. die Lehrerin einen **grünen Erfolgsbrief** an die Eltern. So können auch die Eltern einbezogen werden und werden nicht nur aufgesucht, wenn es Negatives zu berichten gibt. Bedeutsam ist eine **Feedback-Kultur**, die den Aufbau eines wertschätzenden Umgangs in der Schule miteinander fördert.

Wenn das Ziel in der Lernvereinbarung nicht erreicht wurde, sollte keine Strafe folgen. Die Nichterreichung des Zieles ist belastend genug. Hier muss sachbezogen nach der Ursache gesucht werden.

- War die Aufgabe zu schwer?
- War der Zeitrahmen nicht angemessen?
- War die Formulierung unklar?
- Was das Ziel zu groß?
- Muss kleinschrittiger vorgegangen werden, sodass schneller kleine Erfolge sichtbar werden?

Nach einer Bestandsaufnahme wird eine neue Lernvereinbarung abgeschlossen.

Beispiele für gelungene Lernvereinbarungen

Das ist mein Ziel:
Ich bin in der nächsten Woche (Datum von … bis …) regelmäßig und pünktlich in der Schule!

Das tue ich dafür:
- Ich liege von Sonntag bis Donnerstag jeweils spätestens um 22.00 Uhr im Bett.
- Ich stelle mir meinen Wecker und stehe in der nächsten Woche jeden Morgen spätestens um 6.30 Uhr auf.

Diese Unterstützung gibt mir meine Lehrerin:
Die Lehrerin ermöglicht mir einen Neubeginn, indem sie mich in dieser Woche nicht auf meine bisherigen Fehlzeiten anspricht.

Diese Unterstützung wünsche ich mir von: meiner Freundin.
Ich bitte meine Freundin darum, morgens um 7.30 Uhr bei mir zu klingeln und mit mir zusammen zur Schule zu gehen.

Daran erkenne ich, dass ich das Ziel erreicht habe:
Ich bitte meine Lehrerin jeden Morgen, wenn ich pünktlich bin, ein Zeichen in mein Logbuch zu machen.

Das ist mein Ziel:
Ich arbeite ab sofort aktiv im Matheunterricht mit.

Das tue ich dafür:
- Ich mache im Unterricht Notizen und arbeite die jeweiligen Aufgaben zu Hause sauber im Heft nach.
- Ich melde mich mindestens dreimal pro Stunde mit der Absicht, auch drangenommen zu werden. Ich gebe dann Antworten oder stelle Fragen zum Unterricht.
- Ich melde mich mit dem rechten Arm, wenn ich mir sicher bin und mit dem linken, wenn ich noch unsicher bin.

Diese Unterstützung gibt mir mein Lehrer:
Mein Lehrer beobachtet, ob ich mich mit links oder rechts melde und gibt mir am Ende der Woche eine Rückmeldung darüber, was schon gut geklappt hat.

Daran erkenne ich, dass ich mein Ziel erreicht habe:
- In meinem Heft stehen die Notizen und die sauber bearbeiteten Aufgaben.
- Ich führe eine Strichliste über meine tägliche mündliche Beteiligung.

Das ist mein Ziel:
Ich finde bis spätestens ... einen Praktikumsplatz.

Das tue ich dafür:
- Ich schreibe mir bis Ende der nächsten Woche aus dem Branchenbuch mindestens 8 Adressen und Telefonnummern von Tischlereien ab.
- Ich rufe bei den Firmen an und frage nach einem Praktikumsplatz für mich.
- Ich schicke meine vollständigen Bewerbungsunterlagen gleich nach dem Telefonieren an die Betriebe, die noch Praktikanten annehmen.
- Ich trage an der Praktikumspinwand in der Klasse ein, was ich schon geschafft habe.

Diese Unterstützung gibt mir meine Lehrerin:
- Frau Müller macht mit uns Rollenspielübungen zu telefonischen Bewerbungen.
- Sie gibt mir Muster für Bewerbungsschreiben und Lebensläufe und berät mich bei der Formulierung.

Daran erkenne ich, dass ich mein Ziel erreicht habe:
- Ich habe eine Liste mit 8 Adressen/Telefonnummern von Tischlereien vorliegen.
- Meine Bewerbungsunterlagen sind vollständig.
- Ich habe eine Liste, aus der hervorgeht, an welche Betriebe ich die Bewerbungsunterlagen geschickt habe.
- Meine Erfolge stehen an der Praktikumspinnwand.

Wann, wo und mit wem wird die Zielvereinbarung reflektiert?

Die Ziele, die Schülerinnen und Schüler sich in den Lernentwicklungsgesprächen gesetzt haben, sollten im folgenden Unterricht umsetzbar sein. Das heißt, der Unterricht muss Raum dafür bieten.

Hier ist das „Tor der Woche"/„Tor des Monats" (siehe Kap. 5.1) hilfreich, um die Ziele aller Schülerinnen und Schüler zu visualisieren. Die Erfahrung zeigt, dass die Schülerinnen und Schüler sich gern eigene Ziele setzen, wenn sie merken, dass sie damit ihren Erfolg wahrnehmen können und es normal in der Klasse ist, dass alle sich etwas vornehmen.

Eine weitere Möglichkeit ist, in den freien Lern-und Arbeitszeiten einen runden Tisch einzurichten, um mit den Lernenden weitere individuelle Gespräche zu führen, die die weitere Lernentwicklung betreffen. Sicherheit und Orientierung erhalten die Schüler, wenn klar ist, wann die Lehrperson mit wem spricht und sichergestellt ist, dass jede/r die Gelegenheit dazu erhält. Dies kann z. B. geschehen, indem jeweils sechs Schülerinnen und Schüler aus der Klassenliste mit einer Klammer kenntlich gemacht werden, mit denen in dieser Woche Gespräche geführt werden.

Hilfreich kann es auch sein, Kleingruppen zu einem Gespräch zu bitten, die an ähnlichen Vorhaben arbeiten.

Wenn es um fachliche Ziele geht, sollte auch die Möglichkeit geschaffen werden, diese Gespräche mit den Fachlehrern zu führen.

Aus dem Bereich der überfachlichen Kompetenzen kann es auch Ziele geben, bei deren Erreichung gut die Eltern eingebunden werden können.

Modelle für Beratungssituationen in den Schulen

3.1 Lernberatung in der Gesamtschule Mitte Bremen, Standort Brokstraße

Die Gesamtschule Mitte wurde 1988/89 von Eltern und Lehrern gegen den damaligen Willen der Schulbehörde gegründet. Seitdem prägen folgende Grundpfeiler das pädagogische Konzept: Binnendifferenzierung, Arbeit auf unterschiedlichen Lernniveaus, Wertlegung auf Projektarbeit, Arbeiten in Tischgruppen, viel Freiarbeit mit dem Ziel des selbstständigen Lernens, Lerntagebuch und Klassenrat, intensive Elternmitarbeit, Beteiligung der Schülerinnen und Schüler (Klassenstunden, SV, Themenwahl bei Projekten und im Unterricht), keine Noten bis einschließlich Jahrgang 8, stattdessen Lernentwicklungsberichte (einmal im Jahr) und Lernhefteinträge der einzelnen Fächer (mehrmals im Jahr), kein Sitzenbleiben, Elterngespräche zum Schulhalbjahr, Schülersprechtage in der Mitte des Halbjahres.

Heute arbeiten rund 680 Schülerinnen und Schüler, 60 Lehrkräfte, drei Sozialpädagoginnen, zwei pädagogische Mitarbeiterinnen und zwei Hausmeister an zwei Standorten der Schule. An drei Tagen in der Woche essen die Schülerinnen und Schüler in der Schule und haben auch am Nachmittag Unterricht bzw. Projekte (Dienstag, Mittwoch und Donnerstag) (vgl. www.gsm-bremen.de/index.php/unsere-schule.htm).

Jahrgangsübergreifendes Lernen am Standort Brokstraße

Mit Beginn des Schuljahres 2008/2009 wurde für die beiden neuen 5. Klassen am Standort Brokstraße die Unterrichtsstruktur verändert mit dem Ziel, die Selbstständigkeit und die Eigenverantwortung der Schüler weiter zu stärken. Zwei große Akzentverschiebungen gegenüber der bisherigen Arbeit prägen dieses Projekt:

- Die Art der Stoffvermittlung: Sie kann mit dem Begriff vom Fach zum Thema beschrieben werden.
- Die neue Zusammensetzung der Lerngruppen: Es gibt keine altershomogenen Klassen, sondern jahrgangsübergreifende Gruppen.

Konkret wurde der Unterricht in die Phasen Start, Lernbüro, Projekte und Werkstätten aufgeteilt. Im Schuljahr 2010/11 wurde der Aufbau des „Unterbaus" abgeschlossen: In insgesamt sechs Lerngruppen werden jeweils etwa acht Schüler der Jahrgänge 5, 6 und 7 – zusammen also 24 Schülerinnen und Schüler unterrichtet. Drei Lerngruppen bilden das „Unterhaus", die anderen drei Lerngruppen das „Oberhaus".

Die Säulen des jahrgangsübergreifenden Lernens

Start
Jeder Unterrichtstag beginnt an vier Tagen mit dem Start, in dem einer der beiden Tutoren („Klassenlehrer") die Schüler der Stammgruppe begrüßt, Konflikte klärt, den Tag plant etc. Diese Phase dauert 30 bzw. 45 Minuten.

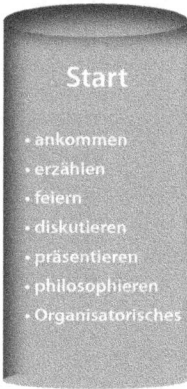

Start
• ankommen
• erzählen
• feiern
• diskutieren
• präsentieren
• philosophieren
• Organisatorisches

Lern-
büro
Was will ich
machen?
Die
Individualisierung
des Lernens.
Bausteine für
Deutsch,
Englisch,
Mathe.

Lernbüro
Eine weitere Säule ist das Lernbüro. Hier erarbeiten die Schüler in vorbereiteten Lernumgebungen und unter Anleitung des entsprechenden Fachlehrers selbstständig Inhalte der Fächer Englisch, Mathematik und Deutsch. Die Klassenräume werden in diesen Phasen zu Fachräumen, in denen das Material der Fächer bereit steht. Die Lernbüros sind – getrennt nach Oberhaus und Unterhaus – stammgruppenübergreifend organisiert, die Schüler entscheiden sich täglich, in welchem Lernbüro sie arbeiten wollen. Ergänzt wird das Lernbüro durch Fachintensivphasen: Diese finden dreimal jährlich in den Lernbürozeiten statt und dienen beispielsweise dazu, den mündlichen Bereich im Fach Englisch oder die Begriffsbildungen im Fach Mathematik im Rahmen von Unterrichtsgesprächen u. Ä. zu entwickeln.

Projekte
Ein zentrales Element dieser Struktur sind die Projekte, in denen das Motto „Vom Fach zum Thema" umgesetzt wird. Hier fließen Lerninhalte u. a. der Fächer Deutsch, WUK, NW, Mathematik, Englisch, Kunst etc. ein. Die Projekte bestehen meistens aus einem „Pflichtteil" und dem Bereich „eigenes Thema". Alle Ergebnisse werden präsentiert: vor den Mitschülern, dem „Haus", den Eltern etc.

Projekt
Was wollen wir
machen?
Das Lernen
in
Zusammenhängen.
Das Lernen
im Team.

Werkstätten

Die Werkstätten kommen aus den Bereichen Wirtschaft–Arbeit–Technik, Kunst, Musik, Sport und Naturwissenschaften. In diesem Band wird auch die zweite Fremdsprache angeboten. Hier können die Schüler – nach bestimmten Vorgaben – unter unterschiedlichen Angeboten wählen.

**Werk-
statt**

Was machen wir?
Das Lernen
nach Neigung
und
Interesse.

Lernberatung

Begleitet wird der gesamte Unterricht von einer engen Zusammenarbeit zwischen Schülern, Lehrern und Eltern. Ein Instrument hierfür ist u. a. das Lerntagebuch, in dem

- die Schüler täglich ihre Arbeit planen und reflektieren,
- Bereiche für die Kommunikation zwischen Eltern und Lehrern vorhanden sind,
- ein Überblick über die Projekte und die erledigten Aufgaben in diesem Bereich gegeben ist,
- die Arbeit im Lernbüro dokumentiert wird, u. a. in der Form, dass hier die Bausteine, die bearbeitet werden sollen, aufgeführt und nach deren Bearbeitung entsprechend gekennzeichnet werden;
- die Beratungsgespräche (s. u.) zwischen dem Schüler und seinem Tutor dokumentiert werden.

**Be-
ratung**

Was habe ich
gemacht?
Wie geht es weiter?
Gespräch zwischen
Schüler – Lehrer

Unverändert bleiben – losgelöst vom Lerntagebuch – die Lernhefteinträge (jetzt „Zertifikate") und die Lernentwicklungsberichte.

Etwa alle vier Wochen findet zwischen je einem Schüler und einem Lehrer (seinem Tutor) ein Beratungsgespräch statt. So wird die Entwicklung des Schülers kontinuierlich begleitet. Diese Gespräche werden im Lerntagebuch protokolliert.

Organisation und Ablauf der Beratungsgespräche

In den jahrgangsgemischten Klassen 5 bis 7 stehen zwei Klassenlehrer zur Verfügung. Sie teilen sich die 24 Schülerinnen und Schüler auf, sodass jeweils 12 ca. achtmal pro Jahr von einem der beiden Klassenlehrer einzeln und für 20 bis 30 Minuten beraten werden.

Die Schülerinnen und Schüler bereiten sich auf das Gespräch mithilfe ihres Lerntagebuches vor. Im Gespräch entwickeln sich die Themen aus den Impulsen, die von den Schülerinnen und Schülern ausgehen, oder aus den Leitfragen, die die Lehrkräfte vorliegen haben.

Die Beratung wird im Lerntagebuch dokumentiert. Dabei schreiben die Lehrkräfte, quasi als Sekretäre der Schülerin oder des Schülers auf, was miteinander besprochen wird. Am Ende unterschreiben die beiden Beteiligten das den Prozess begleitende Protokoll, nachdem die Lehrkraft noch einmal alles vorgelesen hat und evtl. das verbessert worden ist, was der Schülerin/ dem Schüler als nicht richtig formuliert erscheint. Zu Hause unterschreiben die Eltern das Protokoll.

Inhalt der Beratungsgespräche

Das erste Gespräch im Jahr dient in der 5. Klasse dem ersten Kontakt und in der 6. und 7. Klasse der erneuten Hinführung zum Schulalltag (Was hast du dir in diesem Jahr vorgenommen? Welche Zertifikate haben dich im letzten Jahr besonders gefreut? Wünschst du dir etwas Besonderes für dieses Jahr? etc.)

Die folgenden Gespräche werden zunächst immer von dem im konkreten Moment gewünschten Thema des Schülers geleitet.

Orientierung an den Bedürfnissen der Schüler

Wenn die Schülerinnen und Schüler kein konkretes Thema zu besprechen haben, werden gemeinsam mit ihnen verschiedene Bereiche des schulischen Alltags reflektiert. Leitfragen sind z. B.:

- Wie gut kommst du mit der Bearbeitung deines Projektthemas klar?
- Gibt es Schwierigkeiten? Wenn ja, welche? Wie könnten sie überwunden werden?
- Welche Hilfestellung wünschst du dir von den Lehrkräften?
- Was könnten die ersten Schritte sein, die du in dieser Woche gehen kannst, um voranzukommen?
- Wie gut kommst du in den Lernbüros voran? Gefallen dir die gewählten Werkstätten?

Wenn es für sinnvoll erachtet wird, wird eine Übereinkunft schriftlich festgehalten, die eine Aufgabe für den Schüler oder die Lehrkraft enthält, die in einem vorgegebenen Zeitraum erledigt werden soll. Das ist auch das erste, was beim nächsten Gespräch überprüft wird.

Es kann vorkommen, dass anstelle eines Lernberatungsgesprächs ein Konfliktgespräch geführt werden muss, bei dem auch andere Schülerinnen oder Schüler involviert sind. Dann können auch Gruppengespräche geführt werden.

*Beispiel für begleitende Protokolle aus zwei aufeinanderfolgenden Beratungs-
gesprächen mit Schülerin Anne, Jg. 6, geschrieben von der Lehrerin und
unterschrieben von Schülerin, Lehrerin und Eltern*

Beratungsgespräch am 6.3.2013

Fragestellung/Thema:
Umgang mit Lerntagebuch und Portfolioordner

Ist-Situation nach dem letzten Gespräch
Einen Artikel habe ich meinen Eltern manchmal vorgelesen, aber das Alleinsetzen habe ich überwiegend vergessen. Ich finde es aber auch komisch.
Ich werde jetzt versuchen, hin und wieder allein zu arbeiten, ohne mich wegzusetzen, um zu merken, was ich alleine kann. Ich fühle mich aber schon etwas sicherer in den Sprachen.

Lerntagebuch
Ich finde, dass ich mein Lerntagebuch sinnvoll und gut geführt habe, Frau O. auch. Allerdings sollte
ich öfter das Wochenziel und das Buch, das ich gerade lese, eintragen.
Der Portfolioordner ist sehr gut geführt, das findet auch Frau O. Die Fragen, die auf den
Klebezetteln stehen, lassen wir beantworten.

Übereinkunft
Alles ist super geführt, aber bitte das Lerntagebuch noch unterschreiben.

Unterschrift SchülerIn	Unterschrift LehrerIn	Unterschrift Eltern

6. Beratungsgespräch am 2.5.2013

Fragestellung/Thema:
Wie gut komme ich im Lernbüro voran?

Ist-Situation
In Deutsch bin ich sehr gut. Ich habe viele Bausteine geschafft. Ich arbeite konzentriert und rede
sehr selten über Privates während des Unterrichts. An meiner Rechtschreibung muss ich noch arbeiten und regelmäßig lesen üben. Das mache ich jetzt auch, aber lieber mit Texten in Comics als
mit langen Schrifttexten.
In Mathe habe ich fast alle 6er-Bausteine fertig. Ich habe sogar schon einen 7.-Klässler-Baustein begonnen. Das hängt – wie bei Deutsch – damit zusammen, dass ich eine gute Arbeiterin bin. Außer-
dem ist Mathe mein Lieblingsfach. Alles, was von 6.-Klässlern erwartet wird, konnte ich gut.
In Englisch bin ich – meiner Meinung nach – am schlechtesten. Es stört mich, dass es so schwierig
ist, ein Grundwissen zu erreichen, auf das ich aufbauen kann. So bin ich immer unsicher, denn ich
vergesse natürlich auch immer wieder etwas, das ich schon gelernt hatte. (In Spanisch ist es ähnlich
schwierig, wir arbeiten aber mehr zusammen, da kann ich immer nachfragen.)

Übereinkunft
Für Englisch sollte ich wohl pro Tag 3 Vokabeln lernen. Zu Hause beim Essen witzige Sätze mit diesen Vokabeln bilden.

Unterschrift SchülerIn	Unterschrift LehrerIn	Unterschrift Eltern

Die Beschreibung des Lernkonzeptes ist folgender Homepage entnommen: www.gsm-bremen.de. Für die Informationen zum Ablauf danken wir Frau Roswitha Oltrogge-Maurer. Ihre Antwort auf die Frage des Autors nach „gelungenen Beispielen" ist bemerkenswert und soll zum Abschluss zitiert werden: „Unter ‚gelungen' verstehen Sie wahrscheinlich erfolgreich. Ich empfinde es schon als erfolgreich, dass mithilfe dieser Gespräche eine regelmäßige Betrachtung und Evaluation der eigenen Arbeit durch die Schülerinnen und Schüler stattfindet. Es ist ein großer Schritt in Richtung ‚Ich nehme meine Arbeit in meine eigene Hand, ich übernehme Verantwortung für mein Lernen'. Mir ist aber auch klar, dass trotzdem immer Schülerinnen oder Schüler dabei sein werden, deren Probleme, sich erfolgreich auf die Arbeit einlassen zu können, über Jahre bleiben."

3.2 Schülersprechtage an der Realschule Enger

Schülersprechtage finden an der Realschule Enger zweimal pro Halbjahr statt. Sie dienen der Einzelberatung von Schülerinnen und Schülern durch die Lehrkraft und sind ein wichtiges Instrument zur individuellen Förderung. Jeder Teilnehmer sollte sich gut auf das Beratungsgespräch vorbereiten, damit es erfolgreich geführt werden kann. Die Eltern erhalten ein Protokoll des Gesprächs zur Information.

Der unten abgebildete Vorbereitungsbogen befindet sich im Schulplaner der Realschule Enger.

Vorbereitungsbogen für die Schülersprechtage
Trage dir deine Termine in deinen Schulplaner ein.
Damit deine Gespräche am Schülersprechtag erfolgreich sind, bereite dich auf sie anhand dieses Leitfadens gründlich vor. Mache dir Notizen.

Stelle deine Noten zusammen:
Notiere deine letzte Zeugnisnote und deine bisher erzielten Noten für Tests, Klassenarbeiten, Präsentationen etc.

Beschreibe deine sonstige Mitarbeit:
− Machst du regelmäßig deine Hausaufgaben? Gibst du dir Mühe bei deinen Hausaufgaben? Wie viel Zeit benötigst du?
− Lernst du Vokabeln?
− Beteiligst du dich am Unterricht? Wie verhältst du dich in der Gruppenarbeit?
− Folgst du dem Unterrichtsgeschehen und weißt, worum es in der Stunde geht?

Beschreibe dein Lernverhalten:
- Lernst du alleine oder mit Freunden?
- Wann lernst du? Wie ist dein Tag strukturiert?
- Auf welche Art und Weise lernst du (mit deinen Mappen, selbst Aufgaben ausdenken …)?

Beschreibe deine Stärken und Schwächen:
- Welche Stärken hast du? Wie kannst du sie zur Verbesserung nutzen?
- Welche Schwächen hast du? Was könntest du gegen deine Schwächen tun?

Überdenke die Ergebnisse des letzten Schülersprechtags:
- Wenn du auch beim letzten Schülersprechtag warst, dann erinnere dich an dein vereinbartes Ziel und die Schritte, die dir helfen sollten, es zu erreichen. Was hast du davon umgesetzt?
- Wenn du etwas nicht einhalten konntest, dann überlege dir warum.

Der Schülersprechtag an der Realschule Enger

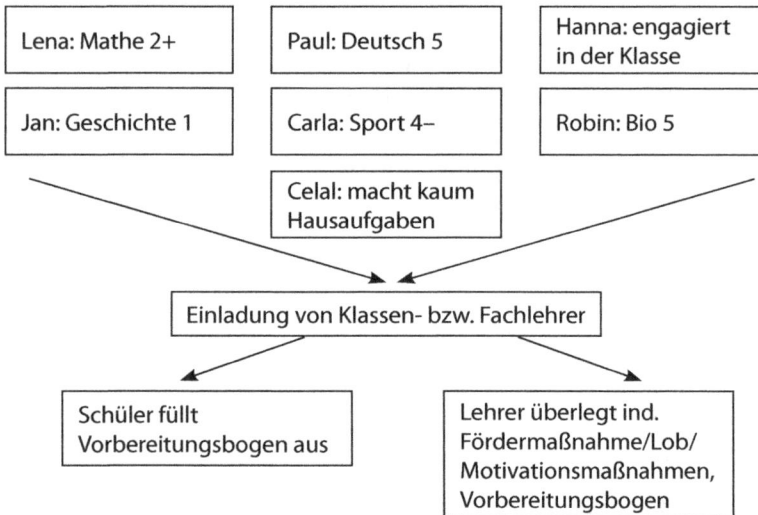

Komm – Mit! – Fördern statt Sitzenbleiben

Dies ist das Motto einer Initiative des Schulministeriums mit dem Ziel, die Quote der „Sitzenbleiber" zu senken (natürlich *ohne* die Leistungsansprüche zu verringern).

Das Projekt wurde für die Dauer von drei Jahren geplant. Seit dem Start im Schuljahr 2008/09 ist die Realschule Enger aktiv und erfolgreich dabei.

Fakten und Zahlen: Im Schuljahr 2004/05 betrug der Anteil der Wiederholer an den Realschulen des Landes NRW im Schnitt 4,1 %, im Schuljahr 2008/09 waren es 3,6 %.

Unsere Aktivitäten: Seit Februar 2009 gibt es zusätzlich zum fachlichen Förderunterricht eine Lernberatung für Schüler der Jahrgänge 7 bis 9, deren Schwerpunkt auf dem Lern- und Arbeitsverhalten der Schüler liegt. Einmal pro Woche beraten die ausgewählten Schüler (ca. 30) gemeinsam mit ihrem Lernberater ganz konkret, wie sie ihre Leistungen verbessern können. Sie bringen z. B. ihre Mappen in Schuss, vereinbaren Schritte zur Steigerung der mündlichen Mitarbeit oder zur Vorbereitung auf Klassenarbeiten. Gerade dann, wenn die Schüler „keinen Bock" haben, tritt ihnen der Lernberater „auf die Füße" und kontrolliert die Umsetzung der abgesprochenen Maßnahmen.

Lernprobleme in den Griff bekommen

Manchmal liegt die Ursache für Lernprobleme jedoch auch in einer schwierigen Familiensituation. Daher wurde die Zusammenarbeit mit der Erziehungsberatungsstelle des Jugendamtes intensiviert.

Selbstverständlich sind alle Betroffenen (Klassenlehrer, Fachlehrer, Lernberater, Schüler, Eltern …) in regem Austausch miteinander. Zusammenarbeit wird an der Realschule Enger großgeschrieben.

Die Ergebnisse: Von den 31 Schülern, die im 2. Halbjahr 2008/09 an der Lernberatung teilgenommen haben, konnten 22 (also über zwei Drittel) ihre Leistungen so verbessern, dass sie die Versetzung erreicht haben. Zum Teil werden sie noch immer, jedoch in größeren Zeitabständen, von den Lernberatern betreut, bis sie schließlich eigenverantwortlich lernen und arbeiten können.

Insgesamt konnte die Quote der Wiederholer an der RSE gesenkt werden und liegt damit unter dem Landesdurchschnitt.

„Ohne die Lernberatung hätte ich in diesem Schuljahr nicht so viel für die Schule getan." (Zitat einer Schülerin aus Klasse 9)

Förderung an der Realschule Enger

Die Basis des Förderkonzepts an der RSE ist ein allen Kollegen und Kolleginnen gemeinsames Verständnis individueller Förderung. Nur wenn ein solches wirklich durchgängig vorhanden ist, kann individuelle Förderung in der Schule gelingen und ist nicht abhängig von der Kompetenz einzelner Kollegen und Kolleginnen.

Diese gemeinsame Basis ist im Lauf vieler Jahre in mehreren Stufen in der Schule entwickelt worden: Angefangen über das Lernkompetenzcurriculum, über das Schulprogramm bis hin zu mehreren schulinternen Lehrerfortbildungen zum Thema individualisiertes Lernen und individuelle Förderung. Die dort erarbeiteten Grundsätze sind von allen Kollegen und Kolleginnen akzeptiert und werden in jedem Unterricht umgesetzt.

So liegt der Schwerpunkt individueller Förderung im Unterricht. Diese Grundannahme hat Folgen für die Gestaltung des Unterrichts, der viele Zugänge zum Lerninhalt bereithalten muss.

Grundsätzlich geht die Schule von einem erweiterten Lernbegriff aus. Im Unterricht wird nicht nur fachlich gelernt, sondern es findet ebenso soziales und emotionales Lernen statt. Daher geht es im Unterricht nicht nur um die Vermittlung fachlichen Wissens, sondern auch um die Förderung und Stärkung der sozialen und emotionalen Kompetenzen jedes Schülers. Diese Grundannahme schließt Förderbänder bzw. gesonderte Förderung nicht aus, die zusätzliche Erfolge beschert und Einzelfällen gerecht wird.

Es werden die multiplen Intelligenzen unserer Schülerinnen und Schüler und damit ihre unterschiedlichen Stärken gefördert und gefordert.

Eine Grundannahme des Lernkompetenzkonzepts unserer Schule ist die, dass wir mehrkanaliges Lernen fördern und anbieten müssen. Nur so gelingt es, dem einzelnen Schüler gerecht zu werden und Lernerfolge zu ermöglichen.

Im Unterricht spielt kooperatives Lernen eine äußerst wichtige Rolle. Es fördert fachliche und soziale Kompetenzen, bietet verschiedene Zugänge zu Lerninhalten, fordert alle Schülerinnen und Schüler, egal auf welcher Leistungsstufe sie sich befinden.

Ein weiterer wichtiger Aspekt der individuellen Förderung ist die durchweg hohe Beteiligung der Eltern an allen Maßnahmen zur individuellen Förderung. Das halten alle Kollegen für äußerst wichtig, damit individuelle Förderung und Forderung gelingen kann.

Individuelle Förderung findet auch und im Besonderen durch individuelle Beratung statt. So ist es selbstverständlich, dass die Schüler in allen Fächern individuell von allen Kollegen beraten werden, besonders auf dem Schülersprechtag.

Sie haben Rückmelde- und Selbstüberprüfungssysteme (Arbeit mit Checklisten und Kompetenzbögen, vgl. S. 73 f.) etabliert, auf deren Grundlage individuell gearbeitet wird.

Selbstbewertung
Abschließender Lernbericht

Name: _____

Datum/Zeitraum: _____

Unterrichtsthema: *Bearbeitung der Lektüre*

_____

Methode

1. Ich habe folgende Methoden/Arbeitsformen bei den Hausaufgaben und im Unterricht angewendet: _____
   _____
   _____

2. Folgende Hilfen habe ich im Unterricht oder zu Hause hinzugenommen, um Aufgaben zu erledigen bzw. Dinge besser zu verstehen:
   _____
   _____

3. Folgende Möglichkeiten habe ich im Unterricht und zu Hause genutzt, um Arbeitsergebnisse selbstständig zu vertiefen und zu konservieren:
   _____
   _____

Inhalt

1. Den Buchinhalt kenne ich (+|–): _____
   _____
   _____

2. Ich habe mich während der Lektüre inhaltlich mit folgendem Schwerpunkt beschäftigt: _____
   _____
   _____

3. Bei der Bearbeitung des Buches habe ich gelernt: _____
   _____
   _____

Ausblick

1. Hinsichtlich der Klassenarbeit (Inhalt und Schwierigkeitsgrad) habe ich folgende Einschätzung: _____
   _____
   _____

2. Auf die Klassenarbeit fühle ich mich _____
   vorbereitet, weil _____
   _____
   _____

Rückblick *(Bitte erst nach der Rückgabe der Klassenarbeit ausfüllen)*

1. Mein Klassenarbeitsergebnis ist folgendermaßen ausgefallen *(Gesamt-note und Bewertung der Teilbereiche)*: _____
   _____
   _____

2. Das Ergebnis der Klassenarbeit hängt mit meinem Arbeitsverhalten zu Hause und in der Schule zusammen:
   Ja, denn _____
   _____
   _____

   Nein, denn _____
   _____
   _____

Konsequenzen

1. Folgende Konsequenzen ziehe ich aufgrund der Erfahrungen und Er-kenntnisse bei dieser Unterrichtsreihe für das nächste Thema:
   _____
   _____
   _____
   _____
   _____

3.3 Individuelle Lernberatung des Einstein Gymnasiums Rheda-Wiedenbrück

Das Gymnasium Rheda-Wiedenbrück verfügt über ein breites und sehr ausdifferenziertes Förder- und Beratungssystem. Es ist dafür mit dem „Gütesiegel individuelle Förderung" des Landes Nordrhein-Westfalen ausgezeichnet worden (www.einsteinfreun.de/Foerderung_Beratung).

Lernberatung

„Schülerinnen und Schüler der Klassen 5 bis 9 werden bei Gefährdung in einem oder mehreren Fächern von einem Lehrer aus dem Beratungsteam persönlich begleitet und gefördert:

In einem Prozess intensiver Lernberatung werden sie darin unterstützt, eigenverantwortlicher und mit mehr Erfolg als zuvor am unterrichtlichen Lernen teilzunehmen.

Als ‚Hilfe zur Selbsthilfe' trägt die Lernberatung dazu bei, dass die Schülerin oder der Schüler auftretende fachliche Lücken zeitnah füllt und Leistungseinbrüche ausgleicht. So können Phasen von Lernunlust und Schulmüdigkeit verändert und eine Entwicklung Richtung Sitzenbleiben frühzeitig vermieden werden" (www.einsteinfreun.de/lernbegleitung).

Hilfe zur Selbsthilfe

Ziele der Lernberatung

Die Schüler können wieder erfolgreich am Unterricht teilnehmen und überwinden ihre Lernschwierigkeiten/Leistungseinbrüche, Motivationsprobleme etc. Hilfe zur Selbsthilfe ist das Prinzip der intensiven Lernbegleitung.

- Die betroffenen Klassen und Fachlehrer werden entlastet.
- Das Gesamtsystem Schule wird stabilisiert.

Organisation

Das Angebot der Lernberatung ist zurzeit auf die Jahrgänge 5 bis 9 ausgerichtet. Fünf Lehrkräfte, mit je drei Unterrichtsstunden entlastet, stehen jeweils für einen Jahrgang der Sek. I zur Verfügung. In Planung ist die Ausweitung auf die Oberstufe. Hier ist noch offen, wie die Aufgaben der Schullaufbahnberatung und der Lernberatung personell umgesetzt werden können.

Die Qualität der Lernberatung wird zum einen durch die ausgebildeten Beratungslehrkräfte im Team und den entsprechenden Kompetenztransfer gesichert, zum anderen durch interne und externe Fortbildungen für das

Lernberatungsteam, das in regelmäßigen Sitzungen die Praxis reflektiert und sich gegenseitig in Fallbesprechungen stützt.

Bei Bedarf kann eine Kollegin mit einer Ausbildung im Bereich Hochbegabung hinzugezogen werden.

Ablauf

Soweit die Schülerinnen und Schüler sich nicht selbst an die Lernberatung wenden, gehen die Initiativen von unterschiedlichen Personen aus. Zugewiesen wird

- durch die Schulleitung: Neuzugänge, Wiederholer und Langzeiterkrankte,
- durch die Klassen-/Fachlehrer: bei Leistungsabfall, Schulmüdigkeit, Verhaltensauffälligkeiten und emotionalen Problemen,
- durch die Eltern nach Rücksprache mit Schulleitung und/oder dem Klassen-/Fachlehrer.

Die Lernberater treffen sich mit den betreffenden Schülern ein- bis zweimal in der Woche nach Absprache in der Unterrichtszeit. In der Regel sind sechs bis acht Treffen notwendig.

Die Kolleginnen und Kollegen werden durch eine Übersicht im Lehrerzimmer informiert, die betreffende Lehrkraft erhält über einen Rückmeldebogen eine detaillierte Information, in der die Themen, die Vereinbarungen, der persönliche Eindruck und die Einschätzung der Entwicklungsperspektive notiert sind. Regelmäßige Information und Rücksprachen mit den Eltern sowie die Teilnahme der Lernberaterinnen oder Lernberater an den jeweiligen Konferenzen ergänzen den Informationsfluss.

Inhalte

Die Lernberatung richtet ihren Blick auf die einzelne Schülerin bzw. den einzelnen Schüler mit ihren/seinen schulischen Problemen, wahrt aber ausdrücklich eine ganzheitliche Perspektive.

Die in der Regel sechs bis acht Wochen dauernde Betreuungsphase beinhaltet u. a. folgende Schritte:

- das Klären des Ist-Zustandes,
- das Aktivieren der Lernfähigkeiten des Schülers,
- die verlässliche Begleitung durch einen Lehrer, der verbindliche Absprachen trifft, Arbeitspläne zur Schließung vorhandener Lücken bespricht, Lernstrategien und die Selbstregulation optimiert, evtl. die Eltern mit einbezieht und weitere Hilfen organisiert,

- das Kontrollieren der getroffenen Vereinbarungen und eine Rückmeldung über Verlauf und Ergebnisse an den Klassenlehrer.

Häufige Themen in der Beratung sind: Schwächen im Bereich der mündlichen Mitarbeit, Schwierigkeiten in der systematischen Vorbereitung von Klassenarbeiten, Angst vor Klassenarbeiten, Lernen von Vokabeln, kognitive Überforderung in einzelnen Fächern, Schulunlust.

Die Wirksamkeit der Lernberatung lässt sich nicht empirisch nachweisen, weil das Zusammenwirken von Einzelmaßnahmen direkt auf die Schülerinnen und Schüler und auch die indirekte Wirkung auf die Gestaltung der Lernarrangements kaum voneinander zu trennen sind. Die subjektive Wahrnehmung der Lernberater und auch die Bewertung durch die Schulleitung ist ausgesprochen positiv, gestützt auf die Rückmeldung von den Schülerinnen und Schülern und den Lehrkräften, die sich durch die Einrichtung einer intensiven Lernbegleitung entlastet sehen.

Vernetzung von Lernberatung und „individueller Lernzeit" (ILZ)

Bei der Vielfalt der Förderangebote die Chancen auf Synergieeffekte durch Vernetzung zu nutzen, ist sicherlich eine Daueraufgabe in der Schule. Für die Lernberatung am Einstein-Gymnasium liegt ein möglicher Schritt zur Weiterentwicklung in der Vernetzung von Lernberatung und „individueller Lernzeit", in der den Ganztagsschülerinnen und -schülern ein Zeitbudget zur Verfügung steht, um die „Lernaufgaben" zu bearbeiten.

In der Lernzeit sind neben den Lehrkräften Schüler aus höheren Jahrgängen anwesend, um bei Schwierigkeiten mit den Aufgaben zu unterstützen.

Für Schüler, die in der Lernberatung sind, lassen sich durch Absprachen mit den ILZ-Helfern gezielte Unterstützungsmaßnahmen entwickeln, die in der „Lernzeit" realisiert werden können. Ebenso kann die Initiative für die Kooperation von den Klassenleitungen ausgehen, die ja den jeweiligen Förderbedarf kennen.

Um dieses Netzwerk zu etablieren und die Kooperationsformen abzustimmen, treffen sich alle Beteiligten zu Beginn eines Schuljahres, die in der Lernzeit tätigen Lehrkräfte, die ILZ-Helfer, die Klassenleitungen und die Lernberaterin/der Lernberater des jeweiligen Jahrgangs.

$E=mc^2$

Die Lernberater

Manches geht mit dem richtigen Methodenwissen einfach leichter: Vokabeln lernen, Ordnung in der Schultasche halten, Wochenplanaufgaben sinnvoll einteilen. Du hast in der Erprobungsstufe zwei Jahre Zeit, Dich an die Arbeitsweise und das -tempo zu gewöhnen. Sei also nicht gleich besorgt, wenn anfangs nicht alles klappt.

Sollte es dir so ergehen, dass du ...

- den Eindruck hast, dass das Lerntempo zu schnell ist und befürchtest, den Anschluss zu verpassen.

- ein Grammatikkapitel im Fach Latein einfach nicht in Deinen Kopf bekommst und Du Dir sagst, ich verstehe es einfach nicht.

- die Englisch- und Französisch-Vokabeln durcheinander wirfst und dir Vokabeln lernen überhaupt ziemlich lästig ist.

- nach der ersten verpatzten Mathe-Arbeit denkst: Hilfe, hoffentlich schaffe ich das überhaupt.

- Dich nicht oder zu wenig am Deutsch-Unterricht beteiligst, weil Du denkst, die Mitschüler sind sowieso viel schneller und haben doch schon alles gesagt.

- in ILZ Deine Lernaufgaben häufig nur unvollständig erledigen kannst.

Dann möchten wir Dir für einen kurzen Zeitraum Hilfestellungen geben und Dich beraten bei der Suche nach veränderten oder neuen Lernstrategien. Es besteht auch die Möglichkeit, dass wir Dir einen älteren, erfahrenen Schüler als Lerncoach für eine begrenzte Zeit zur Verfügung stellen.

Wende Dich an Deinen Klassenlehrer, Fachlehrer oder direkt an uns.
Frau Kretzschmar (Jgst 8), Frau Bethlehem (Jgst 5), Frau Hober (Jgst 6), Herr Milde (Jgst 9), Herr Speckmann (Jgst. 7)

Hinweis auf die Lernberatung im Schulplaner

Persönliche Lernberatung

Mitteilung über die Teilnahme an der Lernberatung in der Schule

Ihr Sohn/Ihre Tochter nimmt an der Lernberatung bei

Frau/Herrn _____ teil.

Ein erstes Treffen fand am _____ statt.

Ein (vorerst) letztes Treffen fand am _____ statt.

Bemerkungen: _____

_____

_____

_____

_____

_____

_____

_____

Mitteilung über die Teilnahme an der Lernberatung für die Eltern

EG Lernberatung

Förderplan für _____ Datum: _____

```
┌─────────────────────────────────────────────────────────────┐
│ Das sind meine Fähigkeiten und Stärken:                       │
│                                                               │
│                                                               │
│                                                               │
│                                                               │
└─────────────────────────────────────────────────────────────┘
```

```
┌─────────────────────────────────────────────────────────────┐
│ Hier liegen meine Probleme und Schwierigkeiten:               │
│                                                               │
│                                                               │
│                                                               │
│                                                               │
└─────────────────────────────────────────────────────────────┘
```

```
┌─────────────────────────────────────────────────────────────┐
│ Ich nehme mir vor:                                            │
│                                                               │
│                                                               │
│                                                               │
│                                                               │
└─────────────────────────────────────────────────────────────┘
```

```
┌─────────────────────────────────────────────────────────────┐
│ So überprüfe ich meinen Erfolg:                               │
│                                                               │
│                                                               │
│                                                               │
│                                                               │
└─────────────────────────────────────────────────────────────┘
```

Selbsteinschätzung Förderplan

3.4 Lernberatung an der Anna-Warburg-Schule

(Annette Mäser-Hischke)

Die Anna-Warburg-Schule

Die Anna-Warburg-Schule (W3) ist eine berufliche Schule für Sozialpädagogik in Hamburg mit ca. 1 000 Schülern. Neben der Ausbildung zum *sozialpädagogischen Assistenten* können Schüler die *Fachoberschule Sozialpädagogik und das berufliche Gymnasium Pädagogik/Psychologie* absolvieren.

Unterschiedliche Zugangsvoraussetzungen und Schullaufbahnen, verschiedenste Lebenswege und Zielvorstellungen kennzeichnen eine gewünschte Heterogenität des Schülerklientels.

Ziele (berufs-)schulischer Lernberatung

Selbstständiges, schnelles sowie effizientes Lernen und Arbeiten sind wichtige Ansprüche, die an den Menschen des 21. Jahrhunderts gestellt werden. Schule muss daher über die Fachkompetenzen hinaus Basiskompetenzen wie Lern-, Handlungs- und Sozialkompetenz sowie Teamfähigkeit vermitteln, ebenso auch die Fähigkeit zur Selbststeuerung, bereits bestehende Kompetenzen zu erweitern, um gesellschaftlichen Leistungsanforderungen gerecht zu werden. Dabei ist die Fähigkeit selbst organisierten und selbstständigen Lernens von großer Bedeutung. Neben dem Einsatz entsprechender Unterrichtsmethoden, der Veränderung struktureller Bedingungen innerhalb des Lernortes Schule, des Lehrerverständnisses als Lerncoach zu fungieren, kann gezielte Lernberatung als zusätzliches und ergänzendes Instrument diese Anforderungen an die Schule unterstützen. Damit kann Lernberatung die Qualität und das Profil einer Schule bereichern und die Entwicklung einer eigenen Lernkultur an einer Schule fördern.

Ausgehend von diesen Grundgedanken und aufgrund der spezifischen Problemlagen rund um das Lernen, die Jugendliche und junge Erwachsene in der beruflichen Ausbildung begleiten können, wurde eine gezielte schulische Lernberatung an der Anna-Warburg-Schule im Jahr 1999 eingeführt und stetig ausgebaut.

Allgemeine Informationen zur Lernberatung an der Anna-Warburg-Schule

Ende der 1990er-Jahre war keine konzeptionelle Lernberatung in Schulen etabliert. Anfänge von Lernberatung an Schulen zeichneten sich zwar in den Bereichen Grundschule und Sekundarbereich ab, nicht aber für den

Sekundarbereich II bzw. für Berufsschüler. Auch das Angebot an Fachliteratur – insbesondere für Jugendliche und junge Erwachsene – war sehr überschaubar.

Hilfen geben im Bereich „Lernen"

Gleichzeitig wurde deutlich, dass viele Schüler unserer Schule aber gerade im Bereich „Lernen" dringend Hilfe benötigten. Folgende Prämissen führten dann zur Einführung einer Lernberatung:

- Die Schüler müssen befähigt werden, den Anforderungen der Ausbildung gerecht zu werden.
- Defizite im Bereich des Lernens und der Lernbereitschaft sollen möglichst aufgearbeitet und ausgeräumt werden, damit Schüler zum einen den Abschluss erreichen, zum anderen aber auch, um sie im Prozess lebenslangen Lernens und selbst organisierten Lernens zu unterstützen und ihnen möglichst wirksame Instrumente für diese Anforderung an die Hand zu geben.
- Darüber hinaus kann Lernberatung im Rahmen einer erzieherischen, sozialpädagogischen Ausbildung, in der Schüler einen Beruf anstreben, in dem sie mit Kindern und Jugendlichen arbeiten, auch Bestandteil der Ausbildung sein. Die Schüler wären dann in der Lage, die zu betreuenden Kinder und Jugendlichen von ihren Kenntnissen der Lernorganisation und der Lernmethoden profitieren zu lassen.
- Kollegen können durch Lernberatung unterstützt und entlastet werden. Gezielte Einzelberatungen mit Schülern, Informationen zu neuen/anderen Methoden, Hilfestellungen bei lernschwachen Schülern oder Schülern mit besonderen Lernproblemen, wie z. B. Dyskalkulie oder Legasthenie, sind einige Möglichkeiten, Kollegen zur Seite zu stehen.

Ziel einer Lernberatung sollte es ferner sein, einen sinnvollen Anteil einer umfassenden Beratungskultur einer Schule darzustellen. An unserer Schule sind alle Beratungsbereiche verbunden und bilden ein profundes Beziehungsgeflecht dieser Beratungskultur, das heute im Rahmen eines Beratungskonzeptes alle Bereiche umfasst und dem Qualitätsleitbild der Anna-Warburg-Schule entspricht. (Das Beratungskonzept der Anna-Warburg-Schule ist auf der Schulhomepage ist unter www.anna-warburg-schule.de einsehbar.)

Durchführung von Lernberatung

Lernberatung – wie Beratung überhaupt – ist freiwillig. Der Betroffene wendet sich meist mit einem gewissen Leidensdruck und der Bereitschaft zur Veränderung seines Lernverhaltens an die Beratung.

Oberste Priorität in der Lernberatung hat die Berücksichtigung der Individualität des Schülers. Es ist wichtig, sich als Berater zu verdeutlichen, dass kein Problem gleich ist, da die individuelle Einschätzung, das persönliche Gefühl des Schülers und seine eigenen Voraussetzungen den Umgang mit dem Problem bestimmen. Jedes Problem ist deshalb individuell zu lösen, d.h., auf den jeweiligen Schüler zugeschnitten. Zunächst ist es wichtig, das Problem in einem Gespräch möglichst umfassend darzustellen. Hier zeigt sich oft, dass das Problem eben nicht nur auf einzelne Unterrichts- und Lernsituationen bezogen werden kann, sondern häufig Einstellungen, Annahmen, Selbsteinschätzungen und Selbstwahrnehmungen des Schülers eine bedeutende Rolle spielen, die das Problem, das sich im Rahmen von Unterricht und/oder Lernen zeigt, determinieren.

Individualität des Schülers berücksichtigen

So ist es zu Beginn des Gesprächs wichtig, dem Schüler Zeit und Raum zu geben, sein Problem darzustellen und ihn ggf. eigene Mutmaßungen angeben zu lassen, welche Gründe zu dem Problem führen. Durch aktives Zuhören bzw. Nachfragen des Beraters gilt es, die Lernproblematik des Schülers möglichst vielschichtig zu erfassen. Häufig zeigt sich dabei, dass Probleme mit dem Lernen von Schülern seit der Grundschule „mitgeschleppt" werden und als Überzeugungen bzw. Glaubenssätze („Das konnte ich noch nie.", „Für Mathematik habe ich keinerlei Talent.", „Dazu bin ich einfach zu blöd.") Lernhaltungen negativ beeinflussen. Neben solchen schulisch bedingten Ursachen, zeichnen sich auch viele Probleme im psychosozialen Bereich, im häuslichen Bereich oder den Lebensumständen ab, die zu Schwierigkeiten im Lernverhalten führen. In diesen Fällen kann es je nach Problemlage durchaus sinnvoll sein, den psychosozialen Beratungsdienst einzubeziehen, ganz dorthin zu verweisen, die Berufsberatung einzubinden oder an außerschulische Stellen zu verweisen, seien es Lern- oder Ergotherapeuten, Hilfen durch den BZBS (Beratungs- und Unterstützungszentrum berufliche Schulen, Hamburg) oder andere Einrichtungen.

Im weiteren Verlauf der Beratung gilt es, alternative bzw. neue Lernmethoden anzubieten und Techniken mit den Schülern einzuüben. Dazu erfolgt ein gezieltes Gespräch, bei dem Beratender und Schüler sich darauf einigen, welche Ziele als Nächstes verfolgt werden sollen.

So entwickelt der Berater mit dem Schüler für diesen passende Lösungen, die möglichst leicht umsetzbar, motivierend und hilfreich sind. Es geht also grundsätzlich darum, nicht am Schüler vorbei zu beraten, indem vorgefertigte Arbeits- und Informationsblätter verwandt werden, sondern darum, dem Schüler die Möglichkeit zu geben, selbstständig Entscheidungen zu treffen, in welcher Weise er selbst weiter verfahren will. Dabei ist es notwendig, möglichst vielfältig und kreativ Lösungsmöglichkeiten zu entwickeln.

Der Schritt, einen eigenen Weg rund um das Lernen zu entwickeln, ist von großer Bedeutung für den Schüler, um motiviert Veränderungen zuzulassen, einzuüben und gegebenenfalls auch durchzuhalten. Daher gehört neben der Entwicklung von Lernwegen und -methoden auch das Einüben der Lösungsmöglichkeiten über einen bestimmten vereinbarten Zeitraum, sodass oft mehrere Beratungseinheiten notwendig sein können.

© ANNETTE MÄSER-HISCHKE

Beispiel

Die Anliegen, mit denen sich Schüler an die Lernberatung wenden, sind vielfältig. Sie reichen von Problemen mit der Konzentration, Motivation, der Prokastination, Empfinden von Stress und Leistungsdruck, Zunahme schlechter Noten, Angstzuständen, z.B. bei Arbeiten und Blackouts, aber auch hinsichtlich des Bestehens von Prüfungen, mangelnder Organisation und Zeiteinteilung, Unsicherheiten in Bezug auf eigene Fähigkeiten und entsprechend negative Grundhaltungen, Unsicherheiten des Schülers in Bezug auf eigene Fähigkeiten mit entsprechend negativen Grundhaltungen bis hin zu spezifischen Problemen, wie z.B. den Fragen „Wie lege ich mir im Schreibprozess einer Deutscharbeit einen roten Faden?", „Wie schaffe ich es, meine mündliche Leistung zu steigern?" oder „Wie kann ich meine Leistungen realistisch einschätzen?"

Im Folgenden soll eine Beratung mit einer Schülerin der Oberstufe Sozialpädagogische Assistenz beispielhaft dargestellt werden:

Auf die Anfrage, was die Schülerin zur Lernberatung führt, berichtet diese, in letzter Zeit vermehrt schlechte Noten zu erzielen. Sie könne sich kaum noch konzentrieren und sei ständig müde. Am liebsten würde sie morgens im Bett bleiben, nur das Wissen um die nächste Klassenarbeit in der kommenden Woche zwinge sie aus dem Bett, damit sie auf jeden Fall keinen Unterrichtsstoff verpasst. Leider sei sie dann so unkonzentriert, dass sie gar nichts mitbekomme. Für mich als Beraterin wird auf Nachfragen deutlich, dass sich die Schülerin um ihre Noten und damit den Abschluss sorgt, sie sich deswegen Druck macht, auf der anderen Seite aber so erschöpft ist, dass Motivation und Konzentration nicht ausreichen. Die Schülerin bestätigt diese Annahmen.

Im weiteren Verlauf des Gesprächs zeigt sich, dass die Schülerin, die bereits allein wohnt und nur einen geringen BaföG-Satz erhält, dreimal die Woche nach der Schule arbeiten muss, um finanziell über die Runden[1] zu kommen. Wir überlegen, ob es Möglichkeiten gibt, die Zeiteinteilung der Schülerin zu optimieren, um zum einen Zeitlücken für ein effektives Lernen zu finden, zum anderen ihre Freizeit (Pausen sind lernpsychologisch unbedingt erforderlich) nicht zu sehr zu beschneiden. Nachdem wir einen Wochenplan entwickelt haben, in den feste Zeiten, wie Schule, Heimfahrt, Essenzeiten, Schlafenszeiten integriert werden, werden die Lücken so gefüllt, dass die Schülerin genügend Freizeit hat und das Arbeiten für Schule und Lebensunterhalt gewährleistet ist. In diesem Fall muss die Schülerin einen Arbeitstag auf das Wochenende verlegen, was glücklicherweise möglich ist. Des Weiteren zeigt sich, dass die Schülerin ihren langen Heimweg mit der Bahn von fast einer Stunde nutzen kann, um einfache Wiederholungs-, Lese- oder Lernaufgaben zu erledigen. Zu Hause hat sie so Zeit, in Ruhe zu essen und sogar eine kleine Entspannungseinheit einzulegen, bevor sie lernt oder zur Arbeit geht. Das tägliche Ritual, abends mit der Freundin zu telefonieren, bleibt erhalten, verkürzt sich aber in der Dauer, wofür die Freundin Verständnis zeigt. Ferner bekommt die Schülerin die Aufgabe, nach einer Probewoche ihren „Wochenplan" zu überprüfen und ggf. selbstständig nachzubessern. Um dieses einzuüben wollen wir uns anfänglich einmal wöchentlich in einer Pause treffen, in der sie mit mir ihren Plan kurz durchspricht.

---

1 Schüler der Ausbildung „Sozialpädagogische Assistenz" erhalten kein Lehrgeld. Ferner leben Schüler aller Ausbildungsgänge häufig nicht mehr zu Hause, sie sind volljährig, haben bereits eine Berufsausbildung oder sogar eine eigene Familie. Viele Schüler leben in finanziell knappen Situationen.

In einem Feedback nach mehreren Wochen zeigt sich, dass die Schülerin ihre Zeiten nunmehr gut im Griff hat, die Noten wieder besser sind, sie besser schlafen kann und es neuerdings schafft, einmal die Woche zum Sport zu gehen, was ihr zum Abschalten verhilft. Die Konzentration und Unterrichtsbeteiligung bewertet sie als deutlich zunehmend. Zudem hat die Schülerin den Job gewechselt und arbeitet nur noch zweimal die Woche, einmal davon am Wochenende.

3.5 Lerncoaching – ein Förderkonzept am Heilwig Gymnasium in Hamburg

(Kattrin Hennicke, Arne Jabs, Jörg Neuwerth, Dr. Christine Tiefenthal, Pia Brüntrup)

Was ist das Lerncoaching am Heilwig Gymnasium?

Lerncoaching ist ein Terminus mit sehr verschiedenen Definitionen. Am Heilwig Gymnasium in Hamburg bezeichnet Lerncoaching ein Konzept der außerunterrichtlichen, aber schulischen Lernförderung, das schwächere Schüler unterstützt und gleichzeitig begabte Schüler ausbildet und fordert. Es folgt dem Gedanken „von Schülern für Schüler". Das Lerncoaching fördert die Selbststeuerung des Lernens sowie die Lern- und Fachkompetenz, ermöglicht jahrgangsübergreifendes soziales Lernen und führt zur Individualisierung beim Fördern und Fordern.

Schulische Anforderungen bewältigen

Schüler aller Jahrgänge mit Schwierigkeiten in einzelnen Fächern können seit 2008 am Heilwig Gymnasium diese Peer-Förderung in Anspruch nehmen, um die schulischen Anforderungen besser bewältigen zu können. Zu Beginn lag der Fokus der Förderung und Beratung auf den Haupt- bzw. Kernfächern Deutsch, Mathematik und den Fremdsprachen sowie auf Arbeitsorganisation und -techniken. Seit 2011 wurde das Angebot auf Naturwissenschaften, Biologie, Physik, Chemie, Natur und Technik ausgeweitet. Das Lerncoaching bietet neben der Vermittlung fachlicher Inhalte Hilfe bei der Vorbereitung von Klassenarbeiten und Referaten sowie Unterstützung bei den Hausaufgaben. Die Lerncoaches geben dabei Tipps zur Selbstorganisation und beraten die einzelnen Schüler, wie das Lernen leichter sein kann.

Wer entscheidet über die Teilnahme am Lerncoaching?

Die Idee zur Teilnahme am Lerncoaching kann von den Schülern, den Eltern oder den Lehrkräften kommen, aber alle entscheiden gemeinsam über Teilnahme und Inhalte im Lerncoaching. Eltern können nach gemeinsamer

Absprache mit ihren Kindern mit dem Wunsch zur Teilnahme an die Fachlehrer herantreten, oder Kollegen schlagen ihnen Lerncoaching als Fördermaßnahme vor. Lerncoaching kann auch eine Maßnahme sein, um die im Lernentwicklungsgespräch vereinbarten fachlichen oder lernmethodischen Ziele zu erreichen. Die Wege, die zur Teilnahme führen, sind sehr unterschiedlich.

Im Anmeldeformular wird festgehalten, was beim Lerncoaching bearbeitet werden soll. Für Mathematik in Klasse 6 könnten die Ziele und Inhalte beispielsweise lauten: Wiederholung der Grundrechenarten und Begleitung und Unterstützung bei der Einführung von Bruchrechnen. Nachdem die Anmeldung von den Schülern, den Eltern und der Fachlehrkraft unterschrieben wurde, werden die freien Lerncoaches je nach Fach oder vereinbartem Inhalt zugeteilt. Erfahrungsgemäß kommt es im laufenden Schuljahr aus verschiedenen Gründen immer wieder dazu, dass nicht alle Schüler sofort vermittelt werden können. Diese erhalten eine Wartekarte und werden – sobald wie möglich – einem frei gewordenen Lerncoach zugewiesen und erhalten über die Fachlehrer dazu die Information.

Wie ist das Lerncoaching organisiert?

Ein Lerncoach arbeitet mit bis zu zwei Schülern. Die Schüler haben einmal in der Woche Lerncoaching, was der Fokussierung dient und einer, vor allem zeitlichen, Überforderung entgegenwirken soll. Das Lerncoaching kann bis zu maximal zehn Termine umfassen. Am Heilwig Gymnasium findet das Lerncoaching an zwei Nachmittagen im Anschluss an den Unterricht in der Bibliothek statt. Diese bietet viele Arbeitsplätze und Regale mit allen Arbeitsmaterialien, Schulbüchern und Übungsmaterialien anderer Verlage, an denen sich die Lerncoaches bedienen können. Regelhaft bringen die Schüler ihre Klassenarbeiten, Fachmaterialien, Ordner und Hefte mit, damit die Lerncoaches zu Beginn eine Stärken-Schwäche-Analyse durchführen sowie die Unterrichtsprogression und den Veränderungsprozess in dem betreffenden Fach verfolgen können. Bei Bedarf nehmen die Lerncoaches auch Rücksprache mit dem Fachlehrer.

Wer sind die Lerncoaches?

Lerncoaches sind leistungsstarke und engagierte Schüler aus den Klassenstufen 9 bis 12. Infolgedessen ist das Lerncoaching-Konzept nicht nur eine Form der Lernunterstützung sondern auch ein Baustein der Begabtenförderung am Heilwig Gymnasium. Das Klassenkollegium diskutiert auf den Ganzjahreskonferenzen im Sommer, welche Schüler eine besondere Förderung erhalten sollen. Eine mögliche Maßnahme ist die Arbeit als Lerncoach. Die Ausbildung zum Lerncoach erfolgt in Absprache von Klassenlehrern und dem aus drei Lehrern bestehenden Ausbildungsteam. Das Verhältnis von Mädchen und Jungen ist weitestgehend ausgeglichen und auch in der Wahl der Fächer zeigt sich keine besondere Schwerpunktbildung.

Wie wird man Lerncoach?

Lerncoaches werden von einem Lehrerteam mit unterschiedlichen Fächern speziell auf ihre Aufgaben vorbereitet und dafür qualifiziert. Zu Beginn nehmen die Schüler an einem dreitägigen, außerschulisch stattfindendem Ausbildungsseminar zum Lernen mit verschiedenen Übungen, Rollenspielen, Aufgabenstellungen etc. teil, das das Ausbildungslehrerteam organisiert und durchführt. Danach folgen zwei Fachseminarsitzungen, in denen die fachspezifischen Aspekte und Methoden vermittelt werden. In regelmäßigen, aber größeren Abständen finden Module statt, die dem Erfahrungsaustausch und dem Auffrischen der bereits vermittelten Inhalte dienen. Falls die Lerncoaches Hilfe bei ihrer konkreten Arbeit mit den Schülern brauchen oder auch fachlichen Rat benötigen, können sie jederzeit Unterstützung vom Ausbildungsteam erhalten.

Wie erfolgte die Implementierung des Lerncoaching-Konzepts?

In einer Arbeitsgruppe unter Ideen gebender Leitung der Abteilungsleitung Mittelstufe[2] in Zusammenarbeit mit der Methodenbeauftragten und einem Kollegen wurden das Konzept und die Module zur Ausbildung der Lerncoachings am Heilwig Gymnasium erarbeitet. Von Anfang an wurde festgelegt, dass neben der fachlichen Förderung der Haupt- bzw. Kernfächer, die Vermittlung allgemeiner Methoden und Arbeitstechniken einen ebenso großen Stellenwert wie der fachliche Schwerpunkt in der Ausbildung der Lerncoaches haben sollte. Die Arbeitsgruppe erstellte das Konzept für das Lerncoaching mit den dafür notwendigen grundlegenden, pädagogischen, fachmethodischen Ausbildungsinhalten und -formen und führte die ersten Seminare durch. Auf einer Lehrerkonferenz sowie im Eltern- und Schülerrat wurden die Idee und das Konzept präsentiert.

---

2 Pia Brüntrup war von 2007 bis 2012 die Abteilungsleiterin Mittelstufe am Heilwig Gymnasium in Hamburg. Seit 2012 ist sie Schulleiterin am Gymnasium Hoheluft, Hamburg.

Auf welche Erfahrungen schauen wir nach fünf Jahren Lerncoaching?

Lerncoaching erweist sich als erfolgreiches, jahrgangsübergreifendes Konzept, das nicht nur fördert, sondern auch fordert. Begabte Schüler fühlen sich mit ihren Qualitäten ernst genommen und wertgeschätzt, Schüler mit Schwierigkeiten nehmen die Hilfe von anderen Schülern oftmals leichter und motivierter als von Erwachsenen an und finden dadurch neue Zugänge zum Lernen. Es ist ein wunderbares Bild, wenn an zwei Nachmittagen in der Woche konzentriert aber entspannt aussehende Lerncoachingteams in der Bibliothek sitzen und arbeiten.

In den ersten drei Jahren wurde deutlich, dass die Nachfrage in den naturwissenschaftlichen Fächern am Heilwig Gymnasium immer größer wurde, sodass auch diese Fächer seit 2012 angeboten werden. Die Nachfrage seitens der Schüler, die das Lerncoaching in Anspruch nehmen, ist insgesamt sehr groß. Dem gegenüber steht ein großes Interesse seitens der begabten Schüler, an der Ausbildung zum Lerncoach teilnehmen zu dürfen, sodass am Heilwig Gymnasium fortlaufend eine ausreichend große Zahl an neuen Lerncoaches dazu kommt. So wollen auch immer wieder schon jüngere, begabte Schüler Lerncoaches werden und fragen bereits in Klasse 6 an, ob sie schon als Lerncoaches arbeiten können. Den Ausbildungslehrer bereitet die Aus- und Fortbildung der Lerncoaches viel Freude, da es eine exklusive Gruppe von interessierten, motivierten und leistungsstarken Schülern ist. Das Lehrerteam evaluiert und verbessert kontinuierlich das Konzept der Ausbildung. Am Heilwig Gymnasium hat sich mittlerweile ein Ausbildungsteam mit vier Kollegen fest etabliert. Die regelmäßige Information des Kollegiums ist ein wichtiger Bestandteil der Arbeit, um neue Kollegen über das Konzept zu informieren, Fachlehrkräften die Änderungen mitzuteilen und immer wieder auch die Abläufe in Erinnerung zu bringen.

Schlussbemerkung

Unser Lerncoaching-Programm klingt nach Aufwand. Es ist völlig richtig, dass es ungefähr zwei Jahre dauert, bis sich die Organisationsabläufe so eingespielt haben, dass das Konzept sich ohne allzu großen Aufwand trägt. Durch die umsichtige Ausbildung der Lerncoaches stellen wir zusätzlich Standards in der Förderung und Lernberatung sicher. Die doppelte Zielsetzung von „Fördern und Fordern" lässt sich unserer Erfahrung und Überzeugung nach kaum besser und sinnvoller in den schulischen Alltag integrieren.

Kein großer zusätzlicher Aufwand

3.6 Schülercoaching nach dem Mündener Modell

Begriff

„Coach" stammt aus dem Englischen und bedeutet (Pferde-)Kutsche. Der Begriff beschreibt also ein Instrument, das Menschen führt und begleitet, um von einem Ort zum anderen zu gelangen. Coachen wird hier im Sinne von „betreuen" und „begleiten" gebraucht, mit dem Ziel, die **Selbst**reflexion zu fördern und die Wahrnehmung des Verhaltens zu verbessern. Beides unter Berücksichtigung der eigenen Stärken und Schwächen. Die Lehrkraft ist der Coach, die Schülerin/der Schüler der Coachee.

Was?

Die Lehrkräfte coachen Schüler/-innen. **Der Coachee** erkennt **selbst** seine Stärken und Schwächen entwickelt selbst Strategien um Stärken zu entfalten bzw. Probleme zu lösen.

Wer?

Gecoacht werden ganze Klassen durch das jeweilige Klassenteam bzw. Teile des Teams. Die Schüler werden per Losverfahren zugeordnet (max. vier bis fünf Schüler je Lehrkraft).

Wie? – Freiwillig – strukturiert – zielorientiert

Es finden strukturierte Einzelgespräche von ca. 45 Minuten Dauer etwa fünfmal im Jahr (pro Coachee/Jahr) statt. Für Coach sowie Coachee ist das Gespräch freiwillig.

Die Lehrkraft (der Coach) unterstützt die Schülerin/den Schüler (Coachee) mit hilfreichen Fragen und zielgerichtetem Nachfragen, insbesondere aber durch aufmerksames und geduldiges Zuhören. Dem Coachee wird nichts vorgegeben, geschweige denn ein Ratschlag erteilt.

Seit wann wird gecoacht?

Das Konzept wurde im Schuljahr 2006/2007 konzipiert und wird seit dem Schuljahr 2007/2008 umgesetzt. Zurzeit coachen 29 Lehrkräfte, zwei Mitarbeiter der Schulsozialarbeit insgesamt sechs Klassen, darunter eine Klasse der Fachoberschule.

Von Beginn an werden Schülerinnen und Schüler sowie die Lehrkräfte anhand eines Fragebogens anonym befragt.

So erläuterte z. B. eine Schülerin in einer anonymen Befragung, was sie am Coaching besonders schätze:

„Das[s] auf mich persönlich eingegangen wird. Das[s] ich im Mittelpunkt beim Lehrer bin. Das[s] ich Ziele vor Augen habe. Das[s] mir Ziele klarer sind. Ich bin sehr motiviert nach dem Coaching."

Nicht anders äußern sich die befragten Lehrkräfte. Eine Lehrerin resümiert, das Coaching verbessere

„das Lehrer-Schüler-Verhältnis deutlich. Es schafft Vertrauen. Es lässt eine Chance, einander in einem anderen Kontext kennenzulernen. Es verbessert die Chancen der Schülerinnen und Schüler, ihre Ziele zu erreichen; verhindert hohe Fehlzeiten und verringert die Abbrecherquote."

Schülercoaching führt nicht nur zu zufriedeneren und leistungsstärkeren Schülern und motivierteren Lehrkräften. Es führt in letzter Konsequenz auch zu einem Mehr an geeigneten Kandidaten für Ausbildungsplätze. Davon profitiert insgesamt auch unsere Gesellschaft.

Inzwischen haben mehrere Berufsbildende Schulen in Niedersachsen und weitere Berufsschulen in anderen Bundesländern das Mündener Coachingsystem eingeführt. Sie wurden durch die in Münden gemachten Erfahrungen dazu angeregt. Neben den Schülern profitieren natürlich auch die Eltern, die Handwerksbetriebe und letztlich das Allgemeinwohl davon.

Weitere Auskünfte erhalten Sie von der BBS Münden, bei den Initiatoren Dr. Albert Fischer und Andrea Laake.

4 Bedingungen für gelingende Lernberatung

4.1 Prinzipien der Pädagogischen Diagnose

Der Lernerfolg der Schüler hängt nicht unwesentlich von der Diagnose- und Beurteilungskompetenz der Lehrerinnen und Lehrer ab. Ohne die möglichst präzise pädagogische Diagnose in einem sukzessiven, länger währenden Prozess ist die optimale Förderung der Schüler nicht zu leisten.

Pädagogische Diagnostik bedeutet konkret:
- Ermittlung der Voraussetzungen und Bedingungen planmäßiger Lehr- und Lernprozesse,
- Analyse der stattgefundenen Lernprozesse,
- Dokumentation der Lernergebnisse.

Lernstand des Schülers erfassen

Entwicklungsbezogene Fragestellungen müssen ebenso einbezogen werden wie die Frage nach der Entstehung bzw. Verhinderung von lernbereichsspezifischer Motivation, und es müssen nicht zuletzt die Einflussfaktoren der Umwelt berücksichtigt werden. Zielformulierungen, das Aufzeigen konkreter Schritte und die Planung, Durchführung und Evaluation individueller Maßnahmen sind wichtige Aspekte der Pädagogischen Diagnostik. Dabei gilt das Prinzip „Schatzsuche statt Fehlerfahndung" (vgl. H. MEYER 2004), das heißt, es geht nicht um Defizite (was die pädagogische Diagnose von der des Arztes unterscheidet), sondern darum, die Lernvoraussetzungen bzw. den Lernstand eines jeden Schülers möglichst genau zu erfassen, um so ein individuelles Profil der Stärken und Schwächen zu erhalten.

Natürlich nimmt jeder Lehrer in seiner alltäglichen Unterrichtspraxis permanent Diagnosen seiner Schüler in einem ebenso hochroutinierten wie wesentlich nicht wirklich bewussten Verfahren vor, es muss aber darum gehen, diesen Vorgang zu einem bewussten, kriterienorientierten und damit auch evaluierbaren Prozess umzugestalten.

Diagnosekompetenz bedeutet daher:
- die Lernenden in ihrer Individualität wahrzunehmen,
- über entwicklungspsychologische Kenntnisse zu verfügen,
- eine kompetente Auswahl geeigneter Arbeitsinstrumente und -mittel zu treffen,

- Verfahren und Möglichkeiten zu kennen, den Lernprozess zu beobachten,
- Kenntnisse darüber zu haben, wie man ergebnisorientierte Verständigungs- und Beratungsgespräche führt,
- auf gewonnene Diagnoseergebnisse angemessen und förderlich zu reagieren,
- vielfältige Möglichkeiten für die individuelle Gestaltung von Lernarrangements zu kennen,
- über Methoden der Dokumentation, Reflexion und Evaluation zu verfügen.

Die pädagogische Diagnose bildet die Basis für Annahmen zum Lernverhalten des Schülers, die immer wieder neu zu überprüfen und zu hinterfragen sind. Zentral für diese Tätigkeit sind:
- Die Schulung der Kompetenz zur gelenkten, systematischen Beobachtung,
- die Förderung der Metakognition und Mündigkeit der Schüler durch das gezielte Training zur Selbstbeobachtung,
- die Förderung der dialogischen Partnerschaft von Lehrer und Schüler,
- eine differenzierende und individualisierende Unterrichtsgestaltung, um die Umsetzung der Diagnoseergebnisse zu garantieren.

Der gegenwärtige und zukünftige Veränderungsprozess, der grundsätzlich alle Schulformen ebenso betreffen wird wie alle Bundesländer, hat neben der Einführung regelmäßig stattfindender, standardisierter und zentraler Tests) eine generelle Tendenz: Schule und Lehrer werden sich in Zukunft in ganz anderem Maße als bisher mit dem jeweils einzelnen Schüler, mit seinen Stärken und Schwächen befassen, ihn möglichst individuell fördern und fordern sowie insbesondere auch beraten müssen.

4.2 Entwicklung der Diagnosekompetenz von Lehrern

Diagnosekompetenz bezeichnet die Fähigkeit von Lehrerinnen und Lehrern, nach festgelegten Kriterien angemessene Urteile über das Lern- und Leistungsverhalten ihrer Schülerinnen und Schüler abzugeben (vgl. MEYER 2004, S. 100).

Umfassende Informationen zum Stand der Forschung über das Diagnostizieren und die Diagnosekompetenz von Lehrerinnen und Lehrern finden Sie bei WILD/KRAPP (2001) und HELMKE (2003, S. 84–104).

Lehrer neigen zu dem Urteil, dass sie ihre Schüler selten oder nie unterfordern. Schülerurteile zum selben Lehrer stehen zum Teil in krassem Gegensatz dazu (vgl. HELMKE 2003, S. 95). ANDREAS HELMKE zeigt allerdings Verständnis für die Lehrer und fragt, ob es realistisch und angemessen sei, bei Lehrer-Diagnoseurteilen die gleichen Gütekriterien der Objektivität, Reliabilität und Validität anzulegen wie bei empirischen Forschungsvorhaben (vgl. 2003, S. 89). Er zitiert WEINERT/SCHRADER (1986, S. 18 f.):

„Lehrerdiagnosen während des Unterrichts brauchen (…) keineswegs besonders genau zu sein, wenn sich der Diagnostiker der Ungenauigkeit, Vorläufigkeit und Revisionsbedürftigkeit seiner Urteile bewusst ist. (…) Wichtig allein ist eine ungefähre Diagnose des Lehrers und ihre permanente Überprüfung im Verlauf des Unterrichts. (…) Lehrerdiagnosen müssen sich nicht durch neutrale Objektivität, sondern durch pädagogisch günstige Voreingenommenheiten auszeichnen." (ebd.)

HELMKE kommentiert weiter: „Es ist pädagogisch klug, das Ausmaß der Leistungsunterschiede zwischen den Schülern einer Klasse maßvoll zu unterschätzen und die Leistungsfähigkeit jedes einzelnen Schülers maßvoll zu überschätzen." (HELMKE 2003, S. 89)

SCHRADER/HELMKE (1987) konnten nachweisen, dass diagnostische Kompetenz allein nicht ausreicht, um bei den Schülern deutliche Lernerfolge auszulösen. Die Fähigkeit, den Unterrichtsverlauf klar strukturieren zu können, muss hinzukommen:

„Ist die diagnostische Kompetenz hoch und werden viele Strukturierungshilfen gegeben, ist das für den Lernerfolg (Leistungssteigerung im Fach Mathematik) optimal. Dagegen ist die Koppelung von Strukturierungshilfen mit unterdurchschnittlicher diagnostischer Kompetenz ungünstig, und als fatal stellte es sich heraus, wenn trotz vorhandener diagnostischer Kompetenz (= gute Orientierung über Leistungsunterschiede zwischen den Schülern) keine didaktischen Förder- und Strukturierungsmaßnahmen ergriffen wurden." (HELMKE 2003, S. 93)

4.3 Von der subjektiven zur evaluierbaren Diagnose

Wer individuell fördern und beraten will, muss im Vorfeld klären, welche Diagnosekompetenzen er dazu braucht, wer ihn dabei unterstützen kann und was zur Entwicklung dieser Kompetenzen beitragen kann.

In der Ausbildung sowohl an der Universität als auch im Referendariat werden Lehrer kaum mit dem Prozess des Diagnostizierens konfrontiert. Lediglich bei den Sonderpädagogen gehört diese Disziplin zum festen Bestandteil der Ausbildung. Dennoch diagnostiziert jeder Lehrer permanent während des Unterrichts – allerdings häufig, ohne sich dessen überhaupt bewusst zu werden. Diese „subjektive Diagnose" basiert auf hoch automatisierten und -schematisierten Zustands-, Veränderungs- und Diskrepanzbeobachtungen. Sie ist meist nicht absichtlich und kontrolliert sowie schon gar nicht wissenschaftlich evaluiert, sondern ergibt sich aus routiniertem Registrieren und Vergleichen von subjektiv bedeutsamen Merkmalen. Dieser permanente subjektive Diagnoseprozess vollzieht sich hauptsächlich während des nach wie vor dominierenden Frontalunterrichts und der Methode des fragend-entwickelnden Unterrichtsgesprächs, ist aber in weniger ausgeprägter Form auch in anderen Sozialformen und Unterrichtsmethoden vorhanden.

Der subjektive Diagnoseprozess

Diese hoch automatisierten Routinen erkennt man beispielsweise:
- bei der spontanen Reaktion auf körpersprachliche Signale der Schüler (Mimik: interessiertes, verständnisloses Gesicht, Gestik: zustimmendes Kopfnicken, Kopfschütteln, Gesten der Hilflosigkeit oder Überforderung etc.),
- bei eigenem Nachfragen: von der bewussten und gezielten Lehrernachfrage über knappe Abfragen wie „kapiert?" bis zu angehängten Phrasen wie „nicht wahr", „klar", „ne" etc.,
- beim Unterbrechen mitten in einem Satz oder spontanem Umformulieren der „Restinformation" in eine Lehrerfrage,
- indem man einzelne Schüler nach vorne kommen lässt, um das eben Erklärte zu wiederholen, an der Tafel zu erläutern, vorzurechnen.

Auch der sogenannte „Flurfunk" unterstützt das unsystematisch-zufällige Diagnostizieren, wir nehmen an, dass er im Lehreralltag ausgesprochen wirkungsvoll ist: „Die 9b? Das ist ja wohl das Schlimmste, was ich bisher erlebt habe! Die sind alle frech und faul – und mindestens die Hälfte gehört nicht hierher."

Jeder Klasse eilt ein bestimmter Ruf voraus. Entweder gilt sie als
- leistungsstark oder leistungsschwach,
- lieb und nett oder frech und faul.

Dieses Bild setzt sich aus den unterschiedlichen Vorstellungen und Erwartungen der Lehrerinnen und Lehrer, aus ihren Erfahrungen mit den Eltern und nicht zuletzt aus Beobachtungen von störendem Verhalten, z. B. in der Pause, zusammen.

Diagnostisches Wissen trainieren

Unter der komplexen Unterrichtssituation gibt es keine analytische (und schon gar keine wissenschaftlich sauber evaluierbare) Trennung von Unterrichtsplanung, -durchführung und subjektiver Diagnostik – im Gegenteil werden diese Bereiche permanent eng miteinander verknüpft. (Und zudem noch durch weitere Handlungsnotwendigkeiten eingerahmt: Unterbindung von Störungen und Disziplinlosigkeiten, classroom-management, Bedienen von Medien etc.). Um vom subjektiven zum pädagogisch „objektiven" Diagnostizieren zu gelangen, ist aber genau diese bewusste Trennung, das gezielte und überprüfbare Training des eigenen diagnostischen Wissens und Könnens vonnöten.

4.4 Weitere Ausbildung der Diagnosekompetenz

Lehrerinnen und Lehrer, die kompetent diagnostizieren wollen, sollten zudem über einige Grundkenntnisse verfügen, die über den engeren fachdidaktischen Rahmen ihrer jeweiligen Fächer hinausgehen. Die Feststellung der fachlichen Schwächen und Stärken jedes Schülers bildet das Rückgrat der Diagnose, liefert aber für sich alleine noch keinen hinreichenden Erklärungsansatz für besondere Begabungen. Ganz ohne Psychologie geht es also nicht.

Lernentwicklungsmodelle sind nicht identisch mit der fachwissenschaftlichen Sach- oder Gegenstandsstruktur. Es handelt sich um Erfahrungsmodelle, die entwicklungspsychologisch klären, in welchen Schritten und Etappen reguläre Aneignungsprozesse bei den Lernenden verlaufen. Dazu kommt das fachdidaktische Wissen darüber, welche Vorkenntnisse für einzelne Lernschritte erforderlich sind. (Fach-)Didaktiken klären das, was die Schülerinnen und Schüler lernen sollen, auf allgemein gesellschaftlicher und auf fachlicher Ebene, ohne den Blick auf den einzelnen Schüler und seine spezifischen Lernvoraussetzungen richten zu können. Lernentwicklungsmodelle für die je einzelnen Schulfächer beschreiben den möglichen Lernweg einschließlich eventueller Störungen sowie der Anzeichen, in denen sich solche Störungen manifestieren. Für das pädagogische Diagnostizieren sind fundamentale Kenntnisse aus beiden Bereichen hilfreich.

Pädagogische Diagnosekompetenz entsteht aus der Summe aller pädagogischen, psychologischen und neurophysiologischen Grundkenntnisse. Dazu gehören:

- Kenntnisse über Modelle „normaler" Lern- und Entwicklungsverläufe, über alterstypische Störungen und Gefährdungen (z. B. Konzentration, Angst, Vermeidung, Motivation).
- Wissen über Wechselwirkungen zwischen Kognition und Emotion.
- Kenntnisse über Schutzfaktoren und Entwicklungsrisiken im Lebensraum Schule und außerhalb desselben (Kind-Umfeld-Analyse).
- Wissen, wie bei Interaktions- und Kommunikationsstörungen in der Lerngruppe zu verfahren ist.

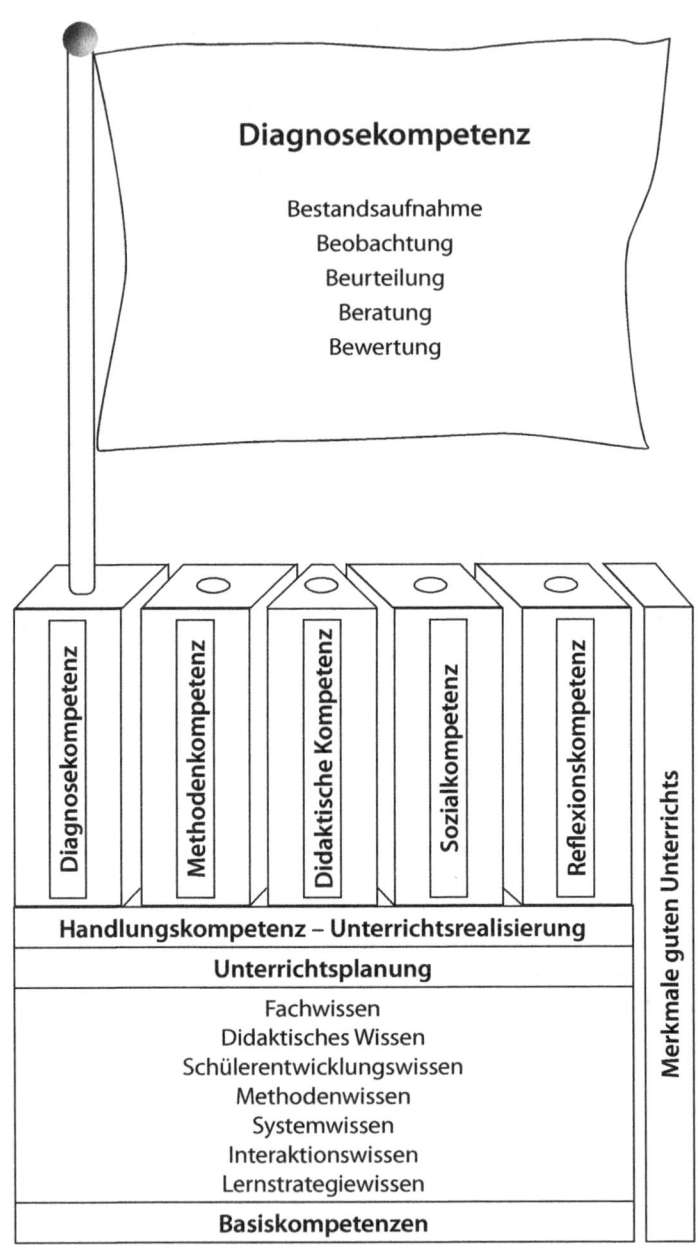

Diagnosekompetenz

Bestandsaufnahme
Beobachtung
Beurteilung
Beratung
Bewertung

Diagnosekompetenz

Methodenkompetenz

Didaktische Kompetenz

Sozialkompetenz

Reflexionskompetenz

Merkmale guten Unterrichts

Handlungskompetenz – Unterrichtsrealisierung

Unterrichtsplanung

Fachwissen
Didaktisches Wissen
Schülerentwicklungswissen
Methodenwissen
Systemwissen
Interaktionswissen
Lernstrategiewissen

Basiskompetenzen

1. Bestandsaufnahme:

- Kenntnisse über wesentliche Testverfahren zur Erhebung der Lernausgangslage (Verfahren zur Lernstandsdiagnose, zur Einschätzung lernbereichsspezifischer Motivation, zur Diagnose des Arbeitsverhaltens)
- Kenntnisse und Durchführung von Schwierigkeitsanalysen (vorher/nachher – Lehr-/Lernperspektive, angenommene/tatsächliche Schwierigkeiten)
- Entwicklung von angemessenen unterrichtsbezogenen Diagnoseverfahren für anstehende Unterrichtsentscheidungen (Lernvoraussetzungen testen)
- Auswahl, Anwendung, Auswertung und Interpretation von professionell konstruierten und von unterrichtsbezogenen Diagnoseverfahren
- Kenntnisse der Instrumente, um Lernfortschritte zu diagnostizieren, um Entwicklungsprobleme zu diagnostizieren
- Kompetente Handhabung vorhandener Diagnoseinstrumente
- Kenntnisse über Instrumente, die den Lernprozess nicht nur punktuell sondern kontinuierlich abbilden (z. B. Logbuch, Portfolio, Fehleranalyse)
- Kenntnisse der Instrumente, die die Stärken eines Kindes erkennen lassen (Schülerportrait, Talentportfolio)

2. Beobachtung:

- Kenntnisse über unterschiedliche Formen der Beobachtung (systematische, unstrukturierte, strukturierte, teilnehmende, nicht-teilnehmende, offene, verdeckte)
- Bereitschaft zu intensiver Wahrnehmung, d.h. genaues Hinsehen und Hinhören, Zuhören, Fragen, Sehen von Eigenheiten und Unterschieden
- Entwicklung geeigneter Beobachtungskriterien und Kenntnisse beobachtbarer Indikatoren, mit deren Hilfe auf das zu beurteilende Merkmal geschlossen werden kann
- Kenntnisse beobachtbarer Indikatoren von Lernentwicklungsstörungen und -kompetenzen
- Wahrnehmung von Auffälligkeiten/Besonderheiten/Ungewöhnlichem/Ressourcen und deren schriftliche Dokumentation
- Wissen darüber, dass eine professionelle Diagnosehandlung eine theorie- und hypothesengeleitete gezielte Suche auf der Basis einer Anfangsbeobachtung und einer Anfangsvermutung ist.

3. Beurteilung:

- Vergleich individueller Resultate mit Referenzwerten
- Hinweise geben zur Leistungsverbesserung
- Trennung von Beobachtung und Beurteilung, von Lern- und Leistungssituationen
- Bewusstsein über die Ungenauigkeit, Vorläufigkeit und Revisionsbedürftigkeit von Diagnoseurteilen („Lehrerdiagnosen müssen sich nicht durch neutrale Objektivität sondern durch pädagogisch günstige Voreingenommenheit auszeichnen." WEINERT/SCHRADER 1986)
- Diskrepanzen zwischen der erwarteten Leistung und der tatsächlichen Leistung werden dafür genutzt, um nach Gründen für die erwartungswidrigen Ergebnisse zu suchen.
- Aufstellung präziser und spezifischer Hypothesen über Schülerleistungen und Schülerverhalten
- Begleitung, Beurteilung und Bewertung von Lernverläufen

4. Beratung:

- Kenntnisse geeigneter Gesprächsformen und -techniken
- Kontakt zu den Eltern herstellen und ihnen Informationen zur Verfügung stellen, Eltern als Experten für ihre Kinder einbeziehen
- Haltungen gegenüber Schülern glaubwürdig deutlich machen (dass eine Verständigung über Schwierigkeiten und Hindernisse beim Lernen für den Schüler Hilfe bedeutet)
- Kommunikation der Diagnoseergebnisse in verständlicher Weise gegenüber den Schülern, Eltern oder anderen Personen
- Entwicklung passgenauer individueller Lernangebote – wissen, welche ressourcenorientierte Fördermaßnahme auf eine diagnostizierte Konstellation folgen muss
- Kenntnisse relevanter, möglicher Präventions- und Interventionsmaßnahmen bei ausbleibenden Lernfortschritten

5. Bewertung:

- Ständige Überprüfung und Erneuerung eigener Diagnoseleistungen (bestenfalls im Team)
- Umsetzung pädagogisch-diagnostischer Informationen in didaktische und erzieherische Entscheidungen, die einzelne Schüler betreffen, für die Planung des Unterrichtes im Rahmen der Curriculumentwicklung und in Schulentwicklungsprozessen

4.5 Wirkung von Diagnosekompetenz

Empirische Studien bestätigen: Eine verbesserte Diagnosekompetenz der Lehrkräfte führt zu einer Verbesserung der Lernleistungen aller Schüler. Wie die Diagnosekompetenz von Lehrern grundsätzlich entwickelt und gefördert werden kann, haben wir im letzten Abschnitt beschrieben. Es stellen sich daher zwei wichtige Fragen:

- Wie kann die Diagnosekompetenz für die Lernberatung fruchtbar gemacht werden?
- Wie können pädagogische Diagnosen dazu beitragen, den gesamten Unterrichtsprozess zu verbessern?

Diagnosekompetenz für die Lernberatung fruchtbar machen

Folgende Grundvoraussetzungen gibt es auf der Lehrerseite:

1. Die Lehrkraft, die kompetent beraten will, kennt unterschiedliche Diagnoseinstrumente für die pädagogische Praxis.
2. Sie kann eine Auswahl der vorhandenen Instrumente nach bestimmten Kriterien treffen.
3. Sie kann die Diagnoseinstrumente richtig und problemorientiert einsetzen.
4. Sie ist in der Lage, schlüssige Beratungshypothesen aufzustellen und entsprechende Vereinbarungen zu treffen.
5. Sie kennt die Maßnahmen, die der Beratung folgen müssen.
6. Sie klärt, welche Ressourcen für Maßnahmen an ihrer Schule zur Verfügung stehen.
7. Sie evaluiert sowohl die Beratung als auch die Maßnahmen und variiert gegebenenfalls.

Wenn das pädagogische Diagnostizieren unter diesen Rahmenbedingungen stattfindet, wird der Prozess die folgenden Ziele erreichen:

- Lernstandsdiagnose: Pädagogische Diagnosen beschreiben umfassend den Lernstand eines Schülers, machen diesen transparent und bilden die Grundlage für die Entwicklung individueller Lernstrategien.
- Passgenauigkeit: Pädagogische Diagnosen stellen die Lernvoraussetzungen der Schüler fest und passen die Lernangebote im Unterricht diesen Voraussetzungen an.
- Grenzziehungen: Pädagogische Diagnosen zeigen die Grenzen des individuellen Leistungsvermögens auf – im positiven wie im negativen Sinn.
- Lernstörungen: Pädagogische Diagnosen erkennen Lerndefizite und Lernstörungen und entwickeln daraus individuell angemessene Fördermaßnahmen.

- Lernbegabungen: Pädagogische Diagnosen erkennen besondere Lernbegabungen und fördern und fordern diese angemessen.

Der folgende Arbeitsbogen hat sich bei uns in der Praxis bewährt. Wir nutzen ihn, um für einen Schüler oder eine Schülerin zu den verschiedenen Stufen und Dimensionen Bemerkungen schriftlich festzuhalten.

Diagnosekompetenz

Stufen Dimensionen	kennen	verstehen	anwenden	bewerten vermitteln	vermitteln
Bestandsauf- nahme					
Beobachtung					
Beurteilung					
Beratung					
Bewertung					

4.6 Selbststeuerung als Ziel der Lernberatung

Zu den Kernelementen des individualisierenden Unterrichts zählen die folgenden Grundstrukturen:

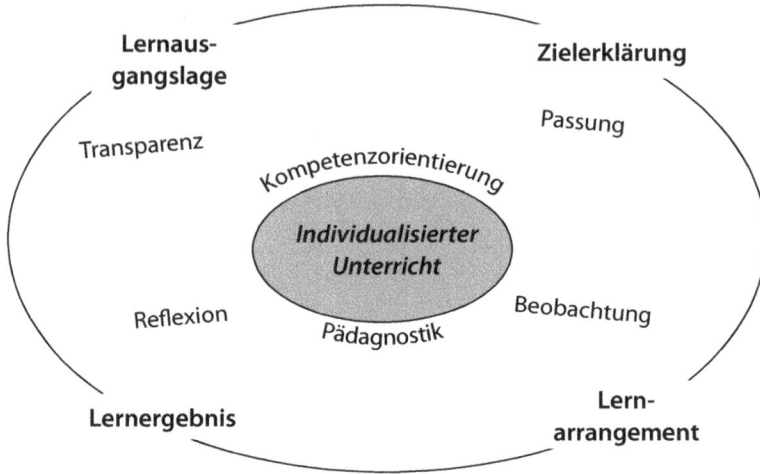

- Jeder Schüler hat die Möglichkeit zur Tätigkeit an Arbeitsblättern, die seinem individuellen Lernstand entsprechen.
- Jeder Schüler kann die ihm am besten geeigneten Methoden und/oder Materialien auswählen. Dieser Prozess wird von der Lehrkraft beratend unterstützt.
- Kompetenzraster bieten den Schülern Unterstützung und Orientierung zur Selbstevaluation der gerade zu erbringenden Leistung.
- Frontale Unterrichtsphasen sind weitgehend ausgeschlossen.

Flexibel auf Lernbedürfnisse der Schüler reagieren

In einem individualisierten Unterrichtskonzept ist es bedeutsam, dafür zu sorgen, dass die Lernangebote in eine Passung gebracht werden zu den individuellen Lern- und Entwicklungslagen der Schülerinnen und Schüler. BECK nennt das „Adaptive Lehrkompetenz": Die Lehrerinnen und Lehrer lernen, flexibel auf die individuellen Lernbedürfnisse und situativen Anforderungen zu reagieren bzw. zu agieren (vgl. BECK u. a., 2008).

Das Kriterium für die Wahl der Methode, des Vorgehens, des Materials, der Organisationsform in einem individualisierenden Unterricht ist, inwiefern etwas funktional ist, um eine gute Passung zu erreichen.

Das heißt, es kann Zeiten im Unterricht geben, in denen
- die Lernenden an jeweils individuell passenden Arbeitsblättern oder Aufgaben arbeiten; vorwiegend um Basisfähigkeiten zu trainieren.
- mit Kompetenzrastern gearbeitet wird, um den individuellen Lernstand zu bestimmen und den Lernfortschritt wahrzunehmen, bzw. nächste Schritte festzulegen.
- in Werkstätten, Projekten, im Lernbüro oder mit Stationen gearbeitet wird.
- frontal etwas dargeboten wird.

Damit Lehrerinnen und Lehrer über diese adaptive Lehrkompetenz verfügen können, brauchen sie Möglichkeiten, die speziellen Lern- und Entwicklungslagen der Schülerinnen und Schüler zu kennen. Sie brauchen Diagnosekompetenz nicht nur in Bezug auf die fachlichen Fähigkeiten sondern ebenso bezogen auf den Stand der sozial-emotionalen Entwicklung als auch auf bezogen auf den Stand der Lernkompetenz der Schülerinnen und Schüler.

Im Folgenden soll beschrieben werden, wie der Stand der Entwicklung der Lernkompetenz diagnostiziert werden kann.

In einem individualisierten Unterricht ist es sowohl Ziel als auch Voraussetzung, dass die Schülerinnen und Schüler selbstständiger lernen.

Ziel: Selbstständig lernen

Viele Lehrerinnen und Lehrer machen die Erfahrung, dass einige Schüler noch nicht in dem Maße eigenverantwortlich und selbstständig arbeiten können, wie es das Lernarrangement erfordern würde. Die Fähigkeit, eigenverantwortlich zu arbeiten, kann grundsätzlich nicht vorausgesetzt werden. Die Schüler müssen die Fähigkeiten genau wie andere fachliche Kenntnisse erst erwerben. Das eigenverantwortliche Arbeiten bedeutet, dass die Schülerinnen und Schüler über Lernkompetenzen verfügen. Mithilfe des im Folgenden vorgestellten Instrumentariums lässt sich gut diagnostizieren, auf welchem Stand der Entwicklung von Lernkompetenz die Schüler sich befinden. Schlussfolgernd lässt sich leicht entwickeln, welche Unterstützung in der Struktur des Unterrichts und der Bearbeitung von Aufgaben diese Schülerinnen und Schüler noch brauchen (vgl. dazu Kapitel 5.2.).

Lernkompetenz wird in der Literatur sehr unterschiedlich definiert. CZERWANSKI u.a verstehen unter Lernkompetenz „die individuelle Verhaltensdisposition, erfolgreich zu lernen und das Gelernte beim weiteren Lernen anzuwenden" (CZERWANSKI/SOLZBACHER/VOLLSTÄDT 2002, S. 30). Etwas spezifischer soll hier „Lernkompetenz" verstanden werden als die „selbstregulierte Anwendung von Lernstrategien in der Balance zwischen Selbst- und Fremdsteuerung" (Dr. Britta Köpcke, Margrit Liedtke-Schöbel, Gudula Pracht, Gabriele Wollmann-Schewe, Arbeitsgruppe des Referates für Schulformen und Schulstufen des Landesinstituts, Hamburg, 2011).

Lernkompetenz braucht Lernstrategien. Formal betrachtet beschreiben Lernstrategien Verhaltensweisen, die zur Bewältigung von Lernaufgaben dienen können.

Ziel der Förderung von Lernkompetenz ist es, den Lernenden zum Experten für das eigene Lernen zu machen. Die Förderung von Lernkompetenz kann gleichgesetzt werden mit der Förderung der Fähigkeit, das eigene Lernen selbstständig zu planen, zu gestalten und zu reflektieren. Damit geht es hier um die Fähigkeit, in einer spezifischen Lernsituation auf das individuelle Repertoire an Sachwissen, Lerntechniken, Methoden und Strategien zuzugreifen und daraus einen der Lernsituation angemessenen Zugang zur Aufgabe zu wählen. Aufgrund der hohen Bedeutung der Lernkompetenz für die erfolgreiche Bewältigung der individuellen und gesamtgesellschaftlichen Herausforderungen der Wissensgesellschaft gehört sie unbedingt zu den Basiskompetenzen.

Lernstrategien umfassen sowohl kognitive als auch ressourcenbezogene, metakognitive, motivationale und sozialkommunikative Elemente.

Lernstrategien

kognitive	ressourcen-bezogene	metakognitive	motivationale	sozial-kommunikative
• Memorierungsstrategien • Elaborationsstrategien • Organisations-/Transformationsstrategien • Schreibstrategien	• Zeitplanung • Lernpartner suchen • Einsatz von Medien und anderen Mitteln	• Planung • Überwachung • Regulation	• Selbstwirksamkeit • realistische Zielsetzug • günstige Ursachenzuschreibung • positive Selbstbewertung • intrinsische Motivation	• Gesprächstechniken • Strategien zur Interaktion • teamorientierte Werterhaltungen • Strategien zum Konfliktmanagement

(Aus: Lisum Brandenburg PPP, ergänzt durch „sozial-komm." von G. Pracht, M. Liedtke-Schöbel, B. Köpcke, G. Wollmann-Schewe)

Das folgende Stufenmodell bietet eine sachangemessene Möglichkeit für Lehrer zu diagnostizieren, auf welchem Stand der Entwicklung der Lernkompetenz sich die einzelnen Schüler befinden, und so für die entsprechende Lernberatung zu sorgen.

Stufen der Entwicklung von Lernkompetenz bezogen auf den Grad der Selbststeuerung	
1. Völlige Abhängigkeit von Lehrersteuerung	• Völlig abhängig von klaren Anforderungen und Orientierungen bei Aufgaben • Planung und Überwachung des Lernprozesses durch den Lehrer notwendig • Anstrengungsbereitschaft abhängig von klar strukturierter und motivierender Unterrichtsgestaltung
2. Geringe Selbstständigkeit in einem lehrerzentrierten Unterricht	• Starke Lenkung beim Verstehen und Bearbeiten von Aufgaben notwendig • Überprüfung des Lernprozesses auf Stärken und Defizite mit Hilfen möglich • Am Verstehen von Fachinhalten interessiert
3. Dominanz der Selbststeuerung	• Verfügt über eigene Methoden und Techniken des Lernens • Steuert Lernprozess selbstständig, nimmt keine vom Lehrer vermittelten Techniken, Methoden und Qualitätsmaßstäbe an • Hohe Motivation, sich alles selbst zu erarbeiten
4. Zusammenspiel von Selbst- und Fremdsteuerung	• Setzt eigene und vom Lehrer vermittelte Techniken und Methoden zur Bearbeitung von Aufgaben ein • Eigenständige Planung und Überwachung des Lernprozesses • Kann sich gezielt motivieren
5. Reflexive Steuerung des eigenen Lernens	• Kann flexibel und reflektiert Methoden zum Verstehen und Bearbeiten von Aufgaben einsetzen • Planung und Überwachung des eigenen Lernprozesses sind verinnerlichte Abläufe • Kann sich motivieren

(Bei HILBERT MEYER (2004): Was ist guter Unterricht?, S. 169 werden diese fünf Stufen dargestellt. Er bezeichnet sein Modell als „Stufungsmodell der wachsenden Selbstständigkeit des Denkens, Fühlens und Handelns". In seinem Aufsatz zusammen mit ANDREA KLAPPER: Unterrichtsstandards für ein kompetenzorientiertes Lernen und Lehren, reduziert er die fünf Stufen auf vier und nennt es Kompetenzstufenmodell (In: RENATE HINZ, BIANCA SCHUMACHER (Hrsg.): Auf den Anfang kommt es an: Kompetenzen entwickeln – Kompetenzen stärken. Jahrbuch Grundschulforschung. Wiesbaden 2006)

Um zu diagnostizieren, auf welchem Stand der Entwicklung der Lernkompetenz Lernende sich in Bezug auf die Lernstrategien befinden, haben wir die Erkenntnisse des Lisums Brandenburg genutzt (Lernen für den Ganztag, Berlin Brandenburg, Modul 8, Individuelle Förderung – Chancen, Möglichkeiten, Anforderungen, 2008, Autoren: HERMANN ZÖLLNER, ULRIKE KAHN, INGEBORG RINDT).

Dort wurde ein Kompetenzraster entwickelt, welches die Stufen der Entwicklung von Lernkompetenz mit den Lernstrategien verbindet. Unsere Überarbeitung dieses Rasters ermöglicht es Lehrerinnen und Lehrern, ihre Schülerinnen und Schüler entsprechend deren Stufe der Entwicklung von Lernkompetenz in Bezug auf die Lernstrategien einzuordnen und individuell zu beraten.

	Kognitive Lernstrategien	Metakognitive Strategien	Motivationale Strategien	Ressourcenstrategien
I. Abhängigkeit von Instruktion und Fremdsteuerung	• Der Schüler kann sich nicht eigenständig mit Inhalten auseinandersetzen. • ist auf klare Anforderungen und Orientierung über die Lernwege angewiesen.	• ist nicht in der Lage, seinen Lernprozess zu planen und zu überwachen. • kann keine Teilziele für die Aufgabenbearbeitung formulieren. • kann die Qualität der Lernergebnisse nicht selbst einschätzen.	• ist extrinsisch, d.h. durch Noten, Belohnung, Bestrafung u. Ä. zu motivieren. • die Anstrengungsbereitschaft hängt (situativ) von der Unterrichtsgestaltung ab. • kann nur nach Vorgabe das notwendige Material beschaffen oder Hilfe holen.	• kann nur nach Vorgabe das notwendige Material beschaffen oder Hilfe holen.
II. Geringe Selbstständigkeit bei starker Abhängigkeit von Fremdsteuerung	• benötigt starke Lenkung beim Verstehen und Bearbeiten von Aufgaben. • nutzt Angebote des Lehrers.	• kann mit Hilfen seinen Lernprozess auf Stärken und Defizite überprüfen.	• ist am Verstehen der Fachinhalte interessiert zeigt hohe Anstrengungsbereitschaft, wenn der Unterricht klar strukturiert ist.	• kann sich zum Teil Materialien selbst beschaffen oder eigenständig Hilfe holen.
III. Dominanz der Selbststeuerung	• hat sich ausreichende Strategien zum Wissenserwerb angeeignet. • will oder kann Angebote des Lehrers nicht annehmen: Ein Fremder kann nicht beim Lernen helfen, Unterricht hilft nicht beim Lernen.	• überwacht den eigenen Lernprozess nach eigenen Methoden. • nimmt externe Qualitätsmaßstäbe nicht an • kann Misserfolge nicht erklären.	• will sich alles selbst erarbeiten. • übernimmt Verantwortung fürs eigene Lernen.	• kann sich weitgehend eigenständig Materialien beschaffen und sucht nur in seltenen Fällen Hilfe.

	Kognitive Lernstrategien	Metakognitive Strategien	Motivationale Strategien	Ressourcenstrategien
IV. Planvolles Zusammenspiel von Selbst- und Fremdsteuerung	• setzt eigene und vom Lehrer vermittelte Lernstrategien ein. • nutzt Instruktionen vom Lehrer im Sinne von Impulsen, Anregungen und sinnvollen Überprüfungen.	• beobachtet das eigene Lernen. • zieht eigene Maßstäbe heran. • setzt eigene Ziele. • analysiert eigene Stärken und Schwächen. • holt Rückmeldungen von außen ein.	• bringt die intrinsische Motivation mit äußeren Anforderungen in Einklang. • beeinflusst die eigene Motivation gezielt. • zeigt hohe Anstrengungsbereitschaft, weil Selbstwirksamkeit erfahren wird.	• kann sich eigenständig die notwendigen Materialien beschaffen und benötigt nur in seltenen Fällen Hilfe.
V. Reflexives Zusammenspiel von Selbst- und Fremdsteuerung	• hat die Abläufe des Lernens verinnerlicht. • zeigt ein beobachtendes Verhalten gegenüber dem eigenen Lernen. • kann flexibel und reflektiert Methoden und Instrumente nutzen.	• hat Planung und Überwachung zu selbstverständlichen Bestandteilen des eigenen Lernens gemacht. • besitzt einen Überblick über Stärken und Schwächen der einzelnen Methoden. • nimmt eigene Schwächen wahr und arbeitet daran.	• verfügt über verschiedene Methoden zur Selbstmotivation. • kann Anstrengungsbereitschaft und Konzentrationsbereitschaft abrufen.	• kann sich eigenständig Materialien beschaffen und benötigt nur in seltenen Fällen Hilfe.

Am Beispiel eines erfolgreich Lernenden möchten wir abschließend darstellen, welchen Nutzen die Anwendung von Lernstrategien haben kann.

Kognitive Lernstrategien

- Nutzt Aufzeichnungen.
- Veranschaulicht Zusammenhänge in einer Skizze oder Mindmap.
- Denkt sich zu schwierigen Sachverhalten Fragen oder Beispiele aus.
- Macht sich Stichpunkte.
- Verbindet Neues mit bereits gelerntem.

Ressourcenbezogene Lernstrategien
- Wenn er etwas nicht verstanden hat, wendet er sich an einen Mitschüler.
- Schätzt seine Arbeitszeit realistisch ein.

Metakognitive Lernstrategien
- Plant, wie er die Aufgabe Schritt für Schritt bearbeiten will.
- Passt sein Lernverhalten dem Lernfortschritt an.
- Denkt sich Fragen zu den Inhalten aus, um sich zu prüfen.
- Geht Arbeitsergebnisse noch einmal sorgfältig durch.

Motivationale Lernstrategien
- Setzt sich mittelschwere Ziele.
- Belohnt sich für Lernerfolge.
- Betrachtet Lernerfolge als Ergebnis eigener Anstrengung.

4.7 Beispiel: Curriculum der Orientierungsschule Theresianum Ingenbohl

Ziele und Aufgaben der Orientierungsschule (Schule für Frauen)

Die Orientierungsschule nimmt von der Altersstruktur ihrer Studierenden her gesehen Kinder im Pubertätsalter ins 7. Schuljahr auf und führt sie nach zwei bis drei Jahren zur Reife für die Wahl der weiteren Ausbildung auf der Sekundarstufe II, sei es das Gymnasium, die Fachmittelschule oder die Berufslehre.

Mitbestimmung und Selbstbestimmung, Mitverantwortung und Selbstverantwortung spielen bei der Wissensvermittlung in der Orientierungsschule eine tragende Rolle.

- Die Schülerinnen lernen, selber zu entscheiden und verantwortlich zu handeln.
- Sie sind fähig, sich in ihrem sozialen Umfeld zu integrieren und zu behaupten.
- Ihr Selbstbewusstsein und Selbstwertgefühl sind zu stärken.
- Sie sind nach Abschluss der OS im Stande, ihre unterschiedlichen Rollen und Aufgaben in Berufslehre und Mittelschule wahrzunehmen, anzunehmen und auszugestalten.
- Sie bauen eine persönliche Werthaltung und ein ethisches Bewusstsein auf und lernen zwischenmenschliche Beziehungen aufzubauen und zu pflegen.

Die Orientierungsschule hilft den Studierenden, die persönlichen Neigungen und Berufswünsche zu erkennen und fördert sie durch frei wählbare persönliche Lernschwerpunkte, durch die individuelle Lerngeschwindigkeit sowie das Angebot verschiedener Berufsziele.

- Die Orientierungsschule garantiert den Studierenden mit ihrer persönlichen Wahl zwischen Fachwissen im Minimalstandardbereich und überdurchschnittlichem Wissenserwerb in den von der Schülerin favorisierten Fachgebieten eine größere Befriedigung beim Lernen und eine vertiefte, wirklichkeitsnahe Wissensgrundlage.
- Das individuell Gelernte wird im gemeinsamen Austausch in den Lerngruppen auf dem Niveau, das den betreffenden Lernenden aktuell entspricht, mit dem Wissen anderer, gleich starker Lernerinnen vernetzt, wodurch neue Erkenntnisse entstehen, auf deren Grundlage dann wieder individuell weitergearbeitet wird.

Die Selbstlerneinheit

Ein Beispiel aus dem Fach Mathematik zum Thema ‚Satz des Pythagoras‘ soll die Arbeitsweise praktisch erläutern. Diese Lerneinheit wurde am Institut Beatenberg entwickelt, das im Rahmen eines Zusammenarbeitsvertrages dem Theresianum Ingenbohl beim Start der Orientierungsschule fachlich und personell hilft.

Ziel einer solchen Einheit ist es, dass die Lernende im Rahmen der angegebenen Zeit (4 Stunden) im Level C1 den Satz des Pythagoras selbstständig verstehen und beweisen lernt. Die Lösungen zu den Übungen sind am Ende der Lektion aufgeführt, wo sich auch ein Protokoll für den Arbeitsverlauf findet, ebenso ein Conferencing-Blatt für Bemerkungen bei der Besprechung mit dem Coach und den Schülerinnen der adäquaten Lerngruppe sowie Platz für die Schlussauswertung. Zu weitergehender Lektüre und Übungen führt ein Link ins Internet.

Grundlagenstoff in eigenem Lerntempo erarbeiten

Das Ziel der Selbstlerneinheiten ist, dass die Schülerinnen einen bestimmten Grundlagenstoff eigenständig in ihrem Lerntempo erarbeiten. Zum Überprüfen des Erreichten können sie Tests oder andere Evaluationsinstrumente benützen. Beim Treffen in den Lerngruppen bauen sie auf diesem Stoff auf und vernetzen ihn mit dem Wissen der anderen unter der Anleitung des Coachs.

Wie der Name verrät, läuft die Selbstlerneinheit völlig unabhängig von Lehrpersonen ab, d.h. sie erklärt sich selbst, muss eine klare Logik und eine genügende Redundanz haben. Hat die Lernende Verstehensprobleme, wendet sie sich nicht an den Coach, sondern an eine andere Schülerin, die diese

Einheit schon absolviert hat. Da bei allen Schülerinnen der persönliche Wissensstand auf den gepunkteten Kompetenzrastern klar ersichtlich ist, findet sich allermeistens eine Kollegin, die schon „Expertin" ist und hilft, weil sie in anderen Lerngebieten auch auf die Hilfe anderer angewiesen ist. Nur wer keine kollegiale Hilfe finden kann, bittet den Coach um Hilfe.

Aufgabe der Coaches ist es, in der Selbstlernzeit der Schülerinnen weitere Selbstlerneinheiten zu entwickeln, mit anderen Lerngruppen zu arbeiten, Einzelbetreuungsgespräche mit Schülerinnen zu führen, sich mit den Kollegen zum Austausch und zur Planung zu treffen und Aufgaben zu korrigieren.

Die Arbeitszeit eines Vollzeitcoachs geht von 7.30 bis 17 Uhr. Da er und die Schülerinnen den ganzen Tag arbeiten, haben sie am Abend wirklich Feierabend und in den Ferien wirklich Ferien.

Das Lernjournal

Damit die Lernende den Überblick behält, stellt sie die mit dem Coach festgelegten Lernschritte in einem Lernjournal zusammen. Das Lernjournal enthält unter anderem folgende Anhaltspunkte:

Planung
- An welchen Aufgaben arbeite ich in nächster Zeit?
- Welche Grobziele muss ich dafür erreichen?
- Bis wann will ich ein bestimmtes Grobziel erreichen?
- Wie will ich es erreichen: mit Selbstlernen, im Tandem, im Unterricht in Lerngruppen?
- Wie sieht aufgrund der obigen Erkenntnisse mein persönlicher Lernplan für die nächste(n) Woche(n) aus?
- Mein Tagesplan für morgen?

Evaluation
- Womit darf ich heute zufrieden sein?
- Wie groß war die eingesetzte Energie am Vormittag, am Nachmittag?
- Wo kann ich mich optimieren?

Die Portfolios

Die Einführung des Fremdsprachenportfolios des Europarates ab Sekundarstufe I im Kanton Schwyz ebnet der Idee des Lernportfolios für andere Fächer den Weg. Lernportfolios sind für jeden Leser direkte, überprüfbare Leistungsvorlagen, die mehr aussagen als Noten. Sie stellen die Sache ins Zentrum, nicht die Noten als stellvertretendes Zeichensystem. „Portfolios dokumentieren einen Prozess, eine Entwicklung. Sie richten den Fokus auf Erfolge und Stärken und generieren damit die Steuerungsenergie für den selbstwirksamen Rückkoppelungsprozess. (…) Die Arbeit mit dem Lernportfolio ist Arbeit an der eigenen Lernbiographie. Und sie ist damit die Dokumentation des Unternehmens ‚Arbeit am eigenen Erfolg'. (…) Die Evaluation (und die Besprechung mit dem Coach) basiert im Wesentlichen auf folgenden Fragen:

- Strategieebene: Wie bin ich vorgegangen? Welche Methode habe ich angewandt?
- Metakognitionsebene: Was hat mir gefallen, was nicht? (Emotionen) Was half mir beim Lernen, was nicht? (Angemessene Hilfe) Was gelang mir gut? (Lernerfolg) Was kann ich jetzt gut oder besser? (Inhaltlicher Lernzuwachs) Wo hatte ich Schwierigkeiten? (Lernprobleme) Woran will ich das nächste Mal denken? (Strategie) Auf diese Weise kommentieren die Schülerinnen und Schüler die ausgewählten Arbeiten. Sie fördern damit nicht nur den Erkenntnisgewinn für sich, sondern schaffen auch Transparenz für die Adressaten.
- Dokumentation (Ausweis): Die ausgewählten und kommentierten Arbeiten dokumentieren in authentischer Weise die Lernbiographie der Schülerinnen und Schüler." (MÜLLER 2001, S. 141 f.)

Die Lehrpersonen als Fachexperten, Moderatoren und Coaches

Die Idee der Lernlandschaften ist am weitesten in der Grundschulstufe gediehen und umgesetzt. Die Häufigkeit nimmt mit zunehmendem Schulalter ab, nicht weil die Schülerinnen und Schüler mit steigendem Alter dafür ungeeigneter wären, sondern weil die Ausbildung der Lehrpersonen sich nach oben mehr und mehr spezialisiert. Lehrpersonen der Grundschulstufe wahren als Allrounder den Überblick über den ganzen auf ihrer Stufe vermittelten Stoff und haben die Lernenden im Unterricht weitgehend für sich allein. In der Sekundarstufe I deckt eine Lehrperson im Normalfall drei bis fünf Fächer ab, in der Sekundarstufe II nur noch ein bis zwei, im Ausnahmefall auch drei Fächer. Dadurch bedingt begegnen sich Lehrperson und Lernende immer seltener und immer mehr nur unter dem Aspekt des betreffenden Faches. Die Lehrperson der Sekundarstufe II ist im Unterricht in erster Linie Fachexperte und manchmal auch Moderator. Zum Coachen reicht es bei engagierten Lehrpersonen ab und zu in der Freizeit, bei anderen gar nicht. Dies ist nicht nur eine Frage der Zeit, sondern auch der Ausbildung. Fachexperten fühlen sich wohl in ihrem Fachgebiet und sind skeptisch gegenüber Aufgaben, die dieses überschreiten und für die sie sich somit nicht ausgebildet fühlen. Sie werden in ihrer Haltung unterstützt durch das Schulsystem, das mehr das „Gewusst was?" als das „Gewusst wie?" bewertet. In den Lernlandschaften dreht sich das Rollenverhältnis maßgeblich um:

1. A Die Lernenden erfahren ihre Lehrpersonen als Fachexperten, die den Überblick bewahren und so die nötige Sicherheit vermitteln. Die Lernenden erhalten die Möglichkeit, ihr benötigtes Fachwissen auf ihrem persönlichen Wissen aufzubauen und mitzuentscheiden, wie sie im jeweiligen Fall am effektivsten lernen können: Gruppenunterricht, Selbstlerneinheiten, Tandem etc.
1. B Die Lehrpersonen als Fachexperten bestimmen im Rahmen des Curriculums, welche Inhalte vermittelt werden müssen. Sie beherrschen dieses Wissen souverän, ohne deswegen im Mittelpunkt der Wissensvermittlung stehen zu müssen. Sie stellen eine breite Palette verschiedener Vermittlermedien zur Auswahl: Plenar-Unterricht, Gruppenunterricht, Selbstlerneinheiten, Tandem etc.

2. A Die Lernenden erfahren ihr selbstverantwortliches Lernen in einem sinnvollen Ganzen. Sie fühlen sich in ihrem individuellen Lernen als Expertinnen: jede weiß in irgendeinem Gebiet, das sie interessiert, mehr als andere. Als Teil der Gemeinschaft kann sie vom Expertenwissen ihrer Kolleginnen profitieren und gleichzeitig auch ihr Wissen weitergeben. Die Schülerinnen erfahren sich persönlich unabhängig von der jeweiligen Größe ihrer Aufgabe als eine wichtige Teampartnerin.
2. B Die Lehrpersonen vernetzen ihr Wissen als Arrangeure und Moderatoren untereinander, um sinnvolle Lernprojekte arrangieren zu können. Sie sehen dabei ihre Fächer auch aus der Perspektive anderer Fächer sowie im Gesamtzusammenhang der Ausbildung und erweitern so ihren Horizont.

3. A Die Lernenden können Aufgabestellungen/Probleme auf die für sie persönlich wichtigen Punkte fokussieren und individuelle Lösungswege konstruieren. Dabei lernen sie, ihre Fortschritte einzuschätzen und Erfolge als Motivationsanreize für neue Aufgaben einzusetzen.
In der Herausforderung im Sparring ist die einzelne Lernerin voll gefordert, erkennt ihre Stärken und Schwächen und lernt, realistisch mit ihnen umzugehen, d.h. sie aus- bzw. abzubauen oder auch zu kompensieren.
3. B Die Lehrpersonen als Coaches und Sparringpartner helfen den Lernenden, ihren individuellen Lernweg zu finden, sich selber einzuschätzen,

die eigenen Stärken und Schwächen, Vorlieben und Abneigungen kennen-, fördern bzw. überwinden zu lernen.

Im lösungsorientierten Coaching führen die Coaches die Schüler dahin, ihre optimale Lernstrategie selber aufzubauen. Im Sparring markiert die Lehrperson den Herausforderer, nicht um zu zeigen, dass er besser ist, sondern, um Stärken zu fördern und Schwächen auszumerzen.

Die Lernfreiheit

Individuelles Lernen ist nicht totale Lernfreiheit nach willkürlichem Lustprinzip, wo sich die Lernende auf persönliche Lieblingstätigkeiten beschränkt.

Individuelles Lernen darf aber auch nicht in den behavioristischen Steuerungsmechanismus von Aktion und Reaktion führen, der vielen Fernlern-Kursen nach dem Prinzip „gewusst – nicht gewusst" zugrunde liegt.

Am Ende der Orientierungsstufe zeigt sich beim Übertritt in die nächste Stufe der beruflichen Ausbildung, was die Schülerin gelernt hat und dass dieses Wissen sie zur weiteren Ausbildung auf der Sekundarstufe II – sei es in der Berufslehre oder im Weiterstudium an einer Mittelschule – befähigt.

Aufgabe der Schule ist es nun, den Lernenden zu ermöglichen, die Erarbeitung des vorgeschriebenen Stoffes für eine tiefgreifende charakterliche und geistige Persönlichkeitsentwicklung zu nutzen.

Die Lernfreiheit im Curriculum der Orientierungsschule besteht nicht in der Beliebigkeit des Lernstoffs, sondern in der Aufteilung dieses Stoffes in individuell angepasste Lernschritte und Lerngeschwindigkeiten und vor allem in der persönlichen Gewichtung jener Lerngebiete, in denen die Lernende über den Minimalstandard hinauskommen will.

Lernhilfen für die Ermöglichung der Lernfreiheit

Um diese individuelle Lernfreiheit zu ermöglichen, braucht es (paradoxerweise) anfangs viele Lernhilfen. Mit zunehmender Selbstlern-Erfahrung können die Hilfestellungen reduziert werden, damit die Schülerinnen den Anteil am ganz persönlichen Lösungsweg stetig erhöhen müssen. Parallel zu dieser Entwicklung wird sich die Rolle der Lehrperson immer mehr von der Betreuung zur Beratung hin verschieben und die Lernenden werden sich fachlich und menschlich immer mehr emanzipieren.

4.8 Diagnose im Team

Das Diagnostizieren im Team – gemeinsam mit anderen – hat sich in der Praxis als sehr positiv erwiesen. Es gibt den Einzelnen ein Gefühl der „Sicherheit", indem es die individuellen Beobachtungen noch einmal abgleicht. Wir orientieren uns dabei am Konzept des LISUM in Brandenburg, da auch Brandenburg bei den Stärken der Schülerinnen und Schüler ansetzt, also einen „ressourcen- und erfolgsorientierten Blick" auf die Schüler hat.

Das Verfahren

Als Strukturierungshilfe für das Teamgespräch werden, ähnlich wie in der Kollegialen Fallberatung, Kärtchen erstellt, die die wesentlichen Elemente der einzelnen acht Phasen in kurzer Form beinhalten. Ein relativ strenges Einhalten der Phasen hat sich bewährt und dient der Zielorientierung. Erfahrungsgemäß kann ein geübtes Team mithilfe dieser Struktur innerhalb einer guten Stunde zu einem sehr praxistauglichen Ergebnis kommen.

Es kann sehr hilfreich sein, wenn ein mit dieser Methode vertrautes Teammitglied in die Kooperative Förderplanung einführt und die ersten Gespräche leitet. „Es hat sich ferner gezeigt, dass der Gesprächsleiter durch seine Sichtweisen und sein Verhalten nicht nur die Arbeitsatmosphäre und gezieltes und effektives Vorgehen bewirkt, sondern dass viele Teilnehmer diese wertschätzende und unterstützende Haltung auch auf die Fördersituation übertragen." (MUTZEK 2000, S. 214)

Teilnehmerinnen und Teilnehmer dieser Gespräche vergleichen häufig ihre im Alltag unentwegt – oft ergebnislos – geführten Gespräche über Kinder mit diesem zielführenden Verfahren und bemerken deutlich den produktiven Charakter dieser neuen Methode. Durch Erfahrung werden sie selbst fähig, diese Teamgespräche ohne Begleitung von außen zu führen.

Die im Folgenden dargestellten acht Verfahrensschritte entstanden in Anlehnung an WOLFGANG MUTZECKS „Kooperative Förderplanung" MUTZEK 2000, S. 214). Dabei wurden einzelne Schritte vor dem Hintergrund eigener Praxiserfahrungen modifiziert bzw. ergänzt.

(1) Vorbereitung:

Für ein Förderplangespräch sollte anfangs mehr Zeit eingeplant werden, bis alle Teammitglieder mit dem Verfahren vertraut sind.

Wichtig ist, dass ein Teammitglied die Rolle der Gesprächsleitung übernimmt, die den Prozess steuert und sich gegebenenfalls dann inhaltlich etwas zurücknimmt.

Die während der Bestandsaufnahme zusammengetragenen Informationen können von einem zuvor bestimmten Teammitglied in Stichpunkten protokolliert und so für die individuelle Lernentwicklungsdokumentation oder die Schülerakte verfügbar gemacht werden. Ein Ideenspeicher kann offene (diagnostische oder informell zu explorierende) Fragestellungen aufnehmen, aber auch Ideen und Anregungen, die zwar nicht für dieses Kind und seinen Förderprozess genutzt werden, jedoch nicht vergessen werden sollen.

(2) Bestandsaufnahme:
Eine gute Möglichkeit zum Einstieg in das Förderplanungs-Gespräch stellt das „Blitzlicht" dar:
Jedes Teammitglied äußert in zwei kurzen Sätzen seine Sorgen und Hoffnung in Bezug auf die Schülerin oder den Schüler:
• Mir macht im Blick auf xxx am meisten Sorgen, dass …
• Mir macht im Blick auf xxx Hoffnung, dass …

Die emotional bestimmte Anfangsphase ist in der Regel sinnvoll, um danach zu einer sachlichen Suche nach neuen Lösungen zu kommen. Alle müssen dabei zu Wort kommen können. Keine Aussage wird kommentiert oder diskutiert (vgl. Höhmann in: Lernende Schule 29/2005, S. 36).
Zunächst werden dann auf der Grundlage einer längerfristigen Beobachtung und Erhebung alle verfügbaren Informationen über das Kind gesichtet und gesammelt.

Das können sein:
• Ergebnisse der Lernstandsanalysen
• individueller Lernplan (wenn vorhanden)
• Arbeitsergebnisse (z. B. Portfolio)
• Fehleranalysen
• prozessbegleitende Beobachtungen im Alltag
• spezielle (hypothesengeleitete) Beobachtungen in Fördersituationen
• selbstreflexive Analyse der Pädagoginnen und Pädagogen
• Gespräche mit Eltern und anderen beteiligten Personen aus dem Umfeld
• ggf. Ergebnisse spezieller diagnostischer Verfahren (standardisierte oder informelle Verfahren)
• Einschätzungen oder Gutachten anderer Stellen (sonderpädagogische/ schulpsychologische Beratung, Ärzte, Jugendamt …)
• bei Kindern mit bereits festgestelltem sonderpädagogischen Förderbedarf die im Gutachten festgelegten Förderempfehlungen

Zu den Ursachen und Bedingungen gehören auch die Ressourcen, die das Lernen des Kindes in besonderer Weise unterstützen können, z. B.:

- besondere Vorlieben, Interessen und Stärken
- Tätigkeiten, die Erfolg versprechen und das positive Selbstwertgefühl des Kindes stärken
- Umstände, unter denen das Kind aufmerksam und konzentriert lernt
- Unterstützungspotenziale im häuslichen Umfeld
- Unterstützungspotenziale in der Klasse
- psychosoziale Unterstützungssysteme

(3) Analyse des Bedingungsfeldes:
Im nächsten Schritt sollten die Ursachen und Bedingungen der Lern- oder Entwicklungsprobleme analysiert werden. Dabei liefert Ursachenforschung allein noch keinen Förderansatz, kann aber über ein Verständnis der Zusammenhänge zu hilfreichen Hypothesen führen. Der Förderansatz steckt eher im Blick auf die oben genannten Ressourcen!

Für eine effektive Förderung müssen nicht nur Leistungen und Lernverhalten, sondern auch die wesentlichen inneren und äußeren Bedingungen berücksichtigt werden.

Es hat sich bewährt, mithilfe einer „Ich-als-Runde" die Perspektive des Schülers einzubeziehen, wenn dieser nicht selbst am Gespräch teilnimmt. Dabei versetzt sich jedes Teammitglied vor dem Hintergrund der zuvor gesammelten Informationen in das Erleben des Kindes hinein und teilt den anderen mit, wie sie oder er sich als xxx fühlt, was sie/er denkt, sich wünschen würde etc. (BERGSSON/LUCKFIEL, 1998). Nicht selten kommen in dieser Phase ganz neue und für die Beteiligten erstaunliche Aspekte zutage, die neue Förderansätze liefern.

In dieser Phase ist es wichtig sich zu vergegenwärtigen, dass die herausgearbeiteten Zusammenhänge stets Hypothesen sind. Mechanische Ursache-Wirkungs-Zuweisungen sollten vermieden werden, da in der Regel von multifaktoriellen Bedingungen für Lern- und Entwicklungsrückstände ausgegangen werden kann. Das Herausarbeiten der Zusammenhänge kann visuell durch das Gestalten eines Plakates oder durch das Anordnen von Kärtchen, auf denen die genannten Bedingungen notiert sind, unterstützt werden.

(4) Ziele:
Beim Aufstellen der Förderziele ist es wichtig,
* sich auf Prioritäten zu beschränken,
* möglichst alle Lern- und Entwicklungsbereiche des Kindes im Hinblick auf veränderbare Bedingungen im Blick zu haben,
* konkret und positiv zu formulieren (Was soll das Kind am Ende des Förderzeitraumes genau können?),
* Erfolge im Blick zu behalten und
* auf Erreichbarkeit und Überprüfbarkeit zu achten (Kann das Kind das Ziel in der geplanten Zeit erreichen? Knüpft die Förderung am Potenzial des Kindes an? Woran erkenne ich, dass das Ziel erreicht wurde?).

Der Formulierung der Ziele unter den genannten Gesichtspunkten sollte ganz besondere Aufmerksamkeit gewidmet werden, denn mit ihr steht und fällt der Erfolg der Förderung. Es ist daher sinnvoller, viel Zeit für die richtige Zielauswahl und -formulierung einzuplanen, als allzu lange über die Hypothesen in Phase 3 zu diskutieren.

Die Formulierung der Ziele stellt unserer Erfahrung nach die größte Herausforderung an das Team. Mit zunehmender Übung entwickeln jedoch alle Beteiligten in der Regel Sicherheit und Kompetenz an diesem Punkt, die sich auch auf ihr weiteres pädagogisches Handeln auswirken.

Zur Vorbereitung auf die nächste Phase werden die vereinbarten Ziele auf kleine DIN-A7-Zettel oder auf Karteikärtchen geschrieben, nummeriert und in der Mitte des Tisches platziert.

(5) Pädagogische Angebote:
Die Beteiligten entwickeln nun als Nächstes Ideen dazu, welche ganz konkreten pädagogischen Angebote für das Kind sinnvoll und zielführend sind. Im Sinne eines Brainstormings werden zunächst alle Vorschläge auf Zettel oder Karteikärtchen geschrieben und mit der Nummer des Ziels versehen, für dessen Erreichung die Maßnahme dienen soll. Jede Idee ist erlaubt, sie wird nicht kritisiert. Und jede Idee kommt auf einen einzelnen Zettel. Es gibt kein Richtig oder Falsch. Es hat sich bewährt, in dieser Phase nicht miteinander zu sprechen und auch ausreichend Zeit für das Entwickeln weiterer kreativer Ideen zu Verfügung zu stellen. Erfahrungsgemäß kommen so weitaus mehr Ideen zusammen, als würde man mündlich Vorschläge sammeln.

Folgende Fragen können für die Beteiligten nützlich sein, um Ansatzpunkte für die Förderung des Kindes zu finden:

Fragen für die Förderung des Schülers

- Wann ist das Kind motiviert?
- Wann arbeitet es selbstständig?
- Welche Stärken des Kindes können für die Förderung genutzt werden?
- Wie schaffen wir Gelegenheiten, bei denen es sich mit seinem Können zeigen kann?
- Wofür interessiert es sich? (Bezüge zu seinem alltäglichen Leben herstellen, die ihm hilfreich sein könnten beim Lernen.)
- Mit welchem Vorgehen haben wir als beteiligte Pädagogen Erfahrungen und sind zuversichtlich, sodass wir auch Zuversicht ausstrahlen?
- Wo liegen unsere Stärken und Kompetenzen? Wo sollten wir unsere Kompetenzen noch erweitern (Expertenbefragung, Austausch mit anderen Kollegen, Beschaffung von Material, Fortbildung …)?
- Unter welchen sozialen Bedingungen kann das Kind gut lernen? Wo? Wann? Mit wem? (Lehrkräfte, Erzieherinnen und Erzieher, Mitschülerinnen und Mitschüler)?
- Welche Methoden haben sich bisher bei der Arbeit mit dem Kind bewährt?
- Welche Materialien eignen sich? Schaffen sie Lernfreude und Verständnis?
- Machen unsere pädagogischen Angebote das Kind selbstständiger?
- Welche konkreten Hilfen benötigt das Kind zum Erreichen des Förderziels?
- Sind Maßnahmen zum Nachteilsausgleich zu beschließen oder reichen die in der Förderempfehlung des sonderpädagogischen Gutachtens benannten Punkte aus?
- Wie kann die geplante Förderung mit dem Klassenunterricht verbunden bleiben?

Der Prozess des Suchens und der Vorgang der Entscheidung müssen deutlich getrennt werden, da sonst die Gefahr besteht, zu schnell auf bewährte Maßnahmen zurückzugreifen und den Raum der Möglichkeiten dadurch zu beschneiden.

(6) Autonome Entscheidungsfindung:

Ziele	Päd. Angebote	Wer? Wann?
1.		
2.		
3.		

Raster für das Eintragen der Planung

Für die Entscheidung, welche Maßnahmen nun in Bezug auf welches Förderziel tatsächlich umgesetzt werden, ist es wichtig, dass diejenigen darüber entscheiden, die die Förderung dann auch durchführen.

Dabei ist es nicht nötig zu begründen, warum man sich für bestimmte Maßnahmen entscheidet und andere nicht in Betracht zieht, denn dies sagt nichts über die Qualität der Vorschläge aus, sondern vielmehr nur, dass diese Maßnahme nicht oder noch nicht für die Verantwortlichen in Frage kommt. Eine Möglichkeit ist es, dass die verantwortlichen Pädagoginnen und Pädagogen die Vorschläge zunächst unkommentiert auf drei Stapel sortieren (Würde ich gerne tun – Würde ich später mal probieren – Kommt für mich nicht in Frage), bevor sie sich endgültig auf eine oder mehrere Maßnahmen pro Ziel festlegen.

Es wird am besten eine Hierarchie der pädagogischen Angebote erstellt, die den Beteiligten realistisch erscheinen, und jeweils überlegt, wer wann mit welchen Mitteln tätig wird. Diese Angebote werden auf dem Tisch so ausgelegt und eventuell umformuliert, dass sie anschließend von einer Kollegin oder einem Kollegen nur noch in eine Tabelle eingetragen werden müssen.

Auch die notwendigen Absprachen über die zeitliche/räumliche Organisation der Förderungen werden gemeinsam getroffen und in die dritte Spalte des Rasters (Wer macht es wann? Wer ist verantwortlich?) eingetragen.

So bleibt als letzte wichtige Frage zu klären, wer mit dem Kind über den Förderplan spricht. Alle Entscheidungen und Absprachen werden schriftlich festgehalten. Das ist dann der Förderplan, der auch in die Schülerakte geheftet und als wichtige Grundlage für ein Elterngespräch genutzt werden kann.

An dieser Stelle kann der Prozess der Kooperativen Förderplanung zunächst beendet sein. Manchmal ist es aber sinnvoll, noch eine weitere Gesprächsphase anzuschließen.

Dies kann erfolgen, wenn einige Förderideen noch einer Erläuterung bedürfen oder wenn ein abschließender Gesamtblick auf das Ergebnis gewünscht und wichtig ist.

(7) Gemeinsame Beratung der Fördervorschläge:

Im Sinne einer Selbstüberprüfung kann das Team das Ergebnis noch einmal gemeinsam beraten, um festzustellen, ob der entstandene Plan dem Anspruch genügt, die Förderung auf der Basis eines ganzheitlichen Blicks auf das Kind zu planen. Zur Ergebnisqualität des Planes ist darüber hinaus zu überprüfen, ob die Förderangebote in das gemeinsame Lernen der Klasse oder Lerngruppe eingebunden sind und ob die angebotenen Fördermaßnahmen im Sinne von Assistenz die Selbstständigkeit der Schülerin oder des Schülers erhöhen.

Auch die Rückmeldungen an das Kind und die Bestätigung der Erfolge sollten noch einmal gut überlegt sein. Hier ist auch ein Ort für gezielte Fragen an die Kolleginnen und Kollegen, die bestimmte Förderideen aufgeschrieben haben, aber noch nicht die Gelegenheit hatten, sie zu erläutern. Dies sollte nur auf ausdrückliche Nachfrage erfolgen, denn sonst besteht die Gefahr, dass die Idee als nicht passender „Ratschlag" empfunden wird.

(8) Auswertung der Förderplanung:

Eine Evaluation mit dem Ziel des Fortschreibens der Förderplanung ist vorgesehen und wird erwartet. Es ist sinnvoll, die Förderarbeit auszuwerten, um zu sehen, ob die gemeinsamen Überlegungen und Planungen realistisch und Erfolge möglich waren. Dazu trifft man sich wiederum zu Gesprächen, in denen die gesammelten Erfahrungen dargestellt werden und der Kreislauf der Förderplanung von neuem beginnt.

Je geraffter, klarer und konkreter der Förderplan war, desto schneller schieben sich neue Ziele in den Vordergrund, die die konkrete Weiterarbeit mit dem Kind bestimmen.

Wenn konkrete Vorhaben benannt und durchgeführt werden, kommt Bewegung in die Förderplanarbeit. An Erfolgen orientiert kann dann weiter gefördert und es können neue Ziele ausgewählt werden.

Aufbau von Selbstwirksamkeit und Handlungskontrolle

5.1 Anbahnung und Umsetzung von Zielvereinbarungen

Damit Schüler im Lernentwicklungsgespräch zu eigenen Zielen kommen können, bietet es sich an, dieses im Unterricht bereits vorzubereiten. Folgendes bietet sich dazu an.

Wie erreichst du deine Ziele?

Schüler finden eigene Ziele

Im Unterricht müssen die Schüler die Möglichkeit haben, sich Vorstellungen von eigenen Zielen zu machen. Häufig haben sie sich bewusst noch gar keine Gedanken dazu gemacht.

Ein hilfreicher Einstieg in dieses Thema kann erfolgen, indem ihnen das unten stehende Bild über OHP oder Smartboard gezeigt wird.

Die Schülerinnen und Schüler sollen sich allein mit einer Auswahl der Aufgaben dazu beschäftigen. Erfahrungsgemäß ist es günstig, wenn die sie das schriftlich für sich tun. Inwiefern ein Austausch darüber in der Klasse sinnvoll ist, hängt davon ab, wie dort das Klima ist.

Baum der Stärken

Nach den Zeugnissen bietet es sich an, mit den Schülerinnen und Schülern über ihre Stärken ins Gespräch zu kommen. Ausgehend von dem, was sie gut können, können weitere Potenziale entwickelt werden. Zur Visualisierung dieser Stärken kann in der Schule der „Der Baum der Stärken" eingesetzt werden.

In die Wurzeln des Baumes trägt jeder Jugendliche seine fünf Stärken ein. „Was ich aus meinen Fähigkeiten mache", kann jeder Jugendliche in die Äste schreiben und daraus Ziele für sein weiteres Handeln in der Schule formulieren.

Selbsteinschätzungsbögen

Eine weitere Möglichkeit, die Schülerinnen und Schüler darauf vorzubereiten, sich etwas, auch bezogen auf z. B. fachliche Ziele vorzunehmen, sind Selbsteinschätzungsbögen. Die Fähigkeit wahrzunehmen, wo man steht und wo man sich hinentwickeln möchte, sollte mit den Schülern trainiert werden.

Ziele erreichen

- Suche dir eine Figur aus, die dich in ihrem Verhalten an dich selbst erinnert (siehe Abb.).
- Was genau hast du mit dieser Figur gemeinsam?
- Wie sehen dich die anderen in der Gruppe?
- **Welche Figur wärst du am liebsten?**
- Was hindert dich daran so zu sein?
- Was kannst du selbst tun, um so zu sein, wie du am liebsten wärst?

(Nach: Pip Wilson und Ian Long (1991): Persönlichkeit werden. Mülheim/Ruhr)

Baum der Stärken

Selbsteinschätzungsbogen „Soziale Fähigkeiten"

Soziale Fähigkeiten:	Selbsteinschätzung					Fremdeinschätzung				
	– –	–	0	+	++	– –	–	0	+	++
Zusammenarbeit – Teamfähigkeit										
Ich befolge Anweisungen.										
Ich lasse mir helfen.										
Ich helfe anderen.										
Ich arbeite mit anderen zusammen.										
Höflichkeit – Freundlichkeit										
Ich spreche mit anderen Personen und schaue sie an.										
Ich höre anderen Personen zu.										
Ich bin freundlich zu Mitschülerinnen und Mitschülern.										
Ich bin freundlich zu Erwachsenen.										
Konfliktfähigkeit										
Ich äußere meine Meinung.										
Ich kann mein Verhalten auch ändern.										
Ich kann bei Streitigkeiten Lösungen finden.										
Achtung anderen gegenüber										
Ich akzeptiere die Eigenarten anderer Menschen.										

Selbsteinschätzungsbogen „Sprachliche Fähigkeiten"

Soziale Fähigkeiten:	Selbsteinschätzung					Fremdeinschätzung				
	--	-	0	+	++	--	-	0	+	++
Sprache – Mündlicher Gebrauch										
Ich kann mich verständlich ausdrücken.										
Ich kann einen Sachverhalt erklären.										
Ich unterhalte mich angemessen mit Mitmenschen.										
Ich begründe meine Meinung.										
Sprache – Lesen und Verstehen von Texten										
Ich lese Texte, die mich interessieren.										
Ich lese und verstehe längere Geschichten.										
Ich schlage unbekannte Wörter im Wörterbuch nach.										
Sprache – Schriftlicher Gebrauch										
Ich kann Geschichten schreiben.										
Ich kann ein Erlebnis erzählen.										
Sprache – Rechtschreibung / Grammatik										
Ich schreibe einen geübten Text ohne Fehler.										
Ich kenne die Wortarten Nomen, Adjektiv, Verb.										
Ich benutze die richtigen Artikel.										
Ich bilde Singular und Plural.										
Ich bilde Sätze mit „weil", „als" „wenn", „sodass", „damit"										

| Name: | | | Klasse: | | | Datum: | | |

Selbsteinschätzungsbogen „Kognitive Kompetenzen"
Mathe 1

	Selbsteinschätzung					Fremdeinschätzung				
	– –	–	0	+	++	– –	–	0	+	++
Mathematik – numerischer Teil										
Ich kann im Zahlenraum bis 1 000 im Kopf rechnen.										
Ich kann Zahlen bis zu einer Million lesen.										
Ich kann Zahlen in eine Stellenwerttafel eintragen.										
Ich kann Vorgänger und Nachfolger einer Zahl benennen.										
Ich kann Zahlen der Größe nach einordnen.										
Ich bin sicher in den schriftlichen Grundrechenarten + / – / x / :										
Ich kann Diagramme und Tabellen lesen.										
Ich kann Diagramme und Tabellen erstellen.										
Ich kann den Durchschnitt berechnen.										
Ich kann runden.										
Ich kann blitzschnell mit 10, 100, und 1 000 malnehmen.										
Ich kann blitzschnell durch 10, 100 und 1 000 teilen.										
Ich kann mit Komma rechnen.										
Ich kann das Komma richtig setzen.										
Ich kann Brüche benennen.										
Ich kann Brüche zeichnen.										
Ich kann Brüche erweitern										
Ich kann Brüche kürzen.										
Ich kann den Hauptnenner bilden.										
Ich kann aus der Einheit die Mehrheit berechnen.										
Ich kann aus der Mehrheit die Einheit berechnen.										
Ich kann Dreisatzaufgaben lösen.										
Ich kann den Prozentwert bestimmen.										
Ich kann Gleichungen mit einer Unbekannten durch Umformung lösen.										
Ich kenne die Klammerregeln.										
Ich weiß, was „Punkt vor Strich" bedeutet.										
Ich kann Textaufgaben lösen.										
Ich kann mit dem Taschenrechner arbeiten.										

Name:						Klasse:		Datum:		

Selbsteinschätzungsbogen „Kognitive Kompetenzen" Mathe 2

	Selbsteinschätzung					Fremdeinschätzung				
	--	-	0	+	++	--	-	0	+	++
Ich führe ein Heft mit Merksätzen und Formeln und kann damit arbeiten.										
Mathematik – numerischer Teil										
Ich kann mit dem Geodreieck umgehen.										
Ich kann Strecken messen und zeichnen.										
Ich kann Winkel messen und zeichnen.										
Ich kann Senkrechte zeichnen.										
Ich kann mit dem Zirkel umgehen.										
Ich kann das Quadrat benennen, beschreiben und zeichnen.										
Ich kann das Rechteck benennen, beschreiben und zeichnen.										
Ich kann das Dreieck benennen, beschreiben und zeichnen.										
Ich kann das Parallelogramm benennen, beschreiben und zeichnen.										
Ich kann den Kreis benennen, beschreiben und zeichnen.										
Ich kann den Umfang, den Flächeninhalt, den Radius und den Durchmesser benennen und markieren.										
Ich kenne die Formeln auswendig.										
Ich kann den Umfang berechnen: ☐ Kreis ☐ Quadrat ☐ Rechteck ☐ Dreieck ☐ Parallelogramm										
Ich kenne die Formeln zur Berechnung des Umfangs auswendig.										
Ich kann den Flächeninhalt berechnen: ☐ Kreis ☐ Quadrat ☐ Rechteck ☐ Dreieck ☐ Parallelogramm										
Ich kenne die Formeln zur Berechnung der Flächen auswendig.										
Ich kann zusammengesetzte Flächen sinnvoll unterteilen und berechnen.										

Webcode: EL039531-016

Selbsteinschätzungsbogen „Kognitive Kompetenzen"
Mathe 3

	Selbsteinschätzung					Fremdeinschätzung				
	--	-	0	+	++	--	-	0	+	++
Ich kann geometrische Körper benennen:										
☐ Den Würfel										
☐ Den Quader										
☐ Die Pyramide										
☐ Den Zylinder										
Ich kann Oberflächennetze zuordnen:										
☐ Den Würfel										
☐ Den Quader										
☐ Die Pyramide										
☐ Den Zylinder										
Ich kann Oberflächennetze zeichnen:										
☐ Den Würfel										
☐ Den Quader										
☐ Die Pyramide										
☐ Den Zylinder										
Ich kann die Oberfläche berechnen:										
☐ Den Würfel										
☐ Den Quader										
☐ Die Pyramide										
☐ Den Zylinder										
Ich kann die Formeln ableiten.										
Ich kann eine Planskizze anfertigen.										
Ich kann eine maßgenaue Zeichnung anfertigen.										
Ich kann eine maßgenaue Zeichnung lesen.										
Ich kann zusammengesetzte Flächen:										
☐ unterteilen										
☐ berechnen										
☐ zeichnen										
Ich kann das Schrägbild zeichnen:										
☐ Würfel										
☐ Quader										
Ich kann das Volumen berechnen:										
☐ Würfel										
☐ Quader										
☐ Pyramide										
☐ Zylinder										
Ich kenne die Formeln auswendig.										
Ich kenne den Satz des Pythagoras.										
Ich kann ihn anwenden.										
Ich kann Formeln umstellen.										

Das Tor des Monats/der Woche/des Tages

Nach einer guten Vorbereitung sollten die Schüler die Möglichkeit haben, selbst kleine Ziele zu formulieren und zu lernen, worauf es bei der Zielformulierung genau ankommt.

Eine gute Möglichkeit, mit vielen Schülern gleichzeitig Ziele zu formulieren, ist „Das Tor der Woche" (Idee von MONA SOMMER und SUSANNE STÜNCKEL, veröffentlicht in Hamburg macht Schule, Heft 1/98, S. 12/13).

(LIEDTKE-SCHÖBEL 2012, S. 46)

Die Vorgehensweise ist folgendermaßen:

- Ein Tor wird auf eine Wandzeitung/Metaplanwand gezeichnet.
- Die Formulierungsbedingungen werden auf einem Plakat ausgehängt.
- Der Lehrer oder die Lehrerin trägt vor, was mit dem Tor des Monats gemacht werden soll.
- Die Schüler erhalten das Arbeitsblatt: „Tor der Woche" und bearbeiten es zunächst in Einzelarbeit. Sie nehmen sich zwei Ziele vor, die sie in der nächsten Woche /in den nächsten Wochen/heute erreichen wollen.

Zu Beginn ist es günstig, kürzere Zeiträume für die Zielerreichung zu wählen, um den Schülerinnen zu ermöglichen, wahrzunehmen, dass sie ihre Ziele wirklich erreichen und das als persönlichen Erfolg für sich verbuchen können.

Ein Ziel ist aus dem Bereich der sozialen und personalen Kompetenzen. Das kann z. B. das eigene Verhalten, den Umgang mit anderen, den Umgang mit Regeln o. Ä. betreffen. Das zweite Ziel ist aus dem Bereich der kognitiven Kompetenzen. Hier geht es um Leistungen in Deutsch, Mathe oder Englisch. Wichtig ist: Die Ziele müssen **machbar, erreichbar und kontrollierbar** sein.

Das Ziel „Ich möchte mich in Mathe verbessern" ist z. B. ohne konkrete einzeln definierte Handlungsschritte weder kontrollierbar noch in dieser Formulierung erfolgreich. Das heißt, das Ziel muss viel kleinschrittiger und konkreter gesetzt werden. „Ich hole mir für Aufgaben, die ich nicht kann, Hilfe z. B. von Mitschülern oder hole mir die Lösungsblätter."

Zur Unterstützung suchen sich die Schüler jeweils einen **Paten** aus, der darauf achtet, dass sein Schützling sein Ziel nicht aus den Augen verliert und gegebenenfalls konkrete Hilfe leistet.

Gleichzeitig ist jeder Schüler selbst Pate für einen anderen Mitschüler. Schüler übernehmen dabei Verantwortung für sich und einen anderen. Sie müssen mit sich selbst ehrlich sein und den Partner ermutigen und motivieren, das Ziel zu erreichen. Sie müssen sich so verhalten, wie sie es sich selbst von ihrem Paten wünschen.

Verantwortung für sich und andere übernehmen

- Die Schüler bilden Arbeitsgruppen zu dritt und überprüfen, ob die einzelnen Ziele erfolgreich, überprüfbar, machbar und mit den Formulierungstipps übereinstimmend aufgeschrieben wurden.
- Die endgültig formulierten Ziele werden mit Filzstift auf große runde Metaplankarten geschrieben.
- Die Karten werden zunächst außerhalb des Tores an die Metaplanwand angepinnt.
- Die Patenschaften werden gewählt oder ausgesucht.
- Nach einer festgelegten Zeit, aber noch vor dem Zieltermin, wird in der Klasse im Stuhlkreis überprüft, wer seinem Ziel schon näher gekommen ist. Karten dieser Schüler werden weiter an das Tor herangerückt oder auf den Pfosten gesetzt. Für Schüler, die ihr Ziel bereits erreicht haben, wird der Ball ins Tor geheftet und als Erfolg gewürdigt.
- Am Zieltermin wird im Stuhlkreis entschieden, wer endgültig ein Tor geschossen hat und wer nicht.
- Wird das Ziel nicht erreicht, ist es wichtig zu klären, woran es gelegen hat.
- Neue Ziele werden formuliert.

Mein Tor der Woche

Mein Ziel ...

1. in Mathe, Englisch oder Deutsch:

_____

_____

_____

_____

_____

2. zu meinem Verhalten oder meiner Beziehung zu andern in der Klasse und in der Schule:

_____

_____

_____

_____

_____

3. zu meinen Arbeits-/und Lerntechniken:

_____

_____

_____

_____

_____

4. Damit ich mein Ziel erreiche, mache ich folgende Schritte:

Zu: _____

_____

_____

Zu: _____

_____

_____

5. Wer kann mir behilflich sein? Wer ist mein Pate in der Klasse für dieses Ziel?

_____

5.2 Aufbau von Lernkompetenz

Zum Aufbau von Lernkompetenz gibt es verschiedene Möglichkeiten. Grundvoraussetzung ist, dass die Schülerinnen und Schüler im Unterricht die Möglichkeit haben, nach ihrer Fähigkeit selbstständig zu arbeiten, ihre Selbstständigkeit weiterzuentwickeln.

Dazu brauchen sie die Kenntnis von Schülerarbeitsmethoden, die sie kennen und dann selbstständig anwenden können.

Dazu benötigen sie eine Lehrersteuerung, die gezielt darauf ausgerichtet ist, differenziert anzuleiten durch z. B.

- individuelle Hilfestellung,
- Strukturhilfen bei komplexen Aufgaben,
- Unterrichtsmethoden,
- unterschiedliche, den Aufgaben entsprechende funktionale Sozialformen,
- kleine Intensivtrainings.

Dazu brauchen sie Möglichkeiten zur Reflexion des erreichten Lernstandes und der Vorgehensweisen.

Lernstand reflektieren

RENATE BUSCHMANN verweist darauf, dass Lernkompetenz wirkungsvoll gefördert wird, wenn Lehrkräfte:

- „Ziele, Inhalte und Leistungsanforderungen transparent gestalten,
- die Schülerinnen und Schüler in die Gestaltung des Unterrichts einbinden,
- wissen, was ihre Schülerinnen und Schüler schon können,
- differenzierende Aufgaben entwickeln und individuelle Leistungsanforderungen ermöglichen,
- Zeit für individuelles Lerntempo geben,
- effektive Lern-und Arbeitstechniken vermitteln, nutzen und mit den Schülern reflektieren,
- kooperatives Lernen und Handeln anbahnen, befördern und begleiten,
- Lernpartnerschaften unterstützen,
- Formen der Beobachtung, der Reflexion, der Bewertung und des Feedbacks kontinuierlich in die Unterrichtsgestaltung einbinden,
- Lernprozess und Leistungszuwachs individuell würdigen und an Standards orientiert bewerten,
- eine angemessene Balance herstellen zwischen lehrergesteuertem und selbstgesteuertem sowie kooperativem Lernen,
- Die eigene Unterrichtserfahrung dokumentieren und reflektieren."
(BUSCHMANN 2010, S. 6)

Am Beispiel von gestuften Lernhilfen bei komplexen Aufgaben möchten wir erläutern, wie der Aufbau von Lernkompetenz angelegt werden kann. Komplexe Aufgaben dienen dazu, dass alle Schülerinnen und Schüler an der gleichen Aufgabe lernen und zu ihren individuell besten Leistungen kommen können, obwohl sie unterschiedliche Lernausgangslagen haben.

Durch unterschiedliche Hilfen, z.B. in Form von Hilfekarten, können Schülerinnen und Schüler je nach ihrem Grad der Selbstständigkeit unterstützt werden, die Aufgaben zu bearbeiten. Durch eine gezielte Lehrersteuerung durch die Entscheidung, wie die Hilfen eingesetzt werden, können sie wieder die Erfahrung machen, etwas zu leisten und den nächsten Schritt in Richtung selbstständigeres Arbeiten zurücklegen.

Was sind komplexe Aufgaben?

Komplexe Aufgaben zeigen in der Aufgabenstellung Alternativen im Hinblick auf:

- die Vorgehensweise,
- die Materialien,
- den Themenbereich,
- die Methoden,
- die Ergebnisse.

Sie können mit Operatoren, die über rein reproduzierende Anforderungen hinausgehen (präsentiere ..., demonstriere ..., stelle dar ..., u.ä.), als Frage (Wie viel koste ich am Tag?) oder als provokante These (Hamburg ist die schönste Stadt Deutschlands!) formuliert werden (vgl. unveröffentlichtes Manuskript der didaktischen Trainerinnen: PETRA BALKE, KATHARINA WOLGAST, DR. BRITTA KÖPCKE aus dem LI-Hamburg).

Was sind gestufte Lernhilfen?

„Aufgaben mit gestuften Lernhilfen bezeichnen ein Aufgabenformat, bei dem die Lösung einer relativ komplexen Aufgabe durch schriftlich formulierte, aufeinander folgende Hilfen unterstützt wird. Die Lernenden können Zeitpunkt und Umfang der Nutzung der Hilfen selbst bestimmen." (Forschergruppe – Universität Kassel: Schritt für Schritt zur Lösung. Differenzierung durch Aufgaben mit gestuften Lernhilfen. In: Naturwissenschaften im Unterricht. Physik, 99/100 (2007) 18, S. 42–45)

Die Hilfen können sowohl lernstrategisch ausgerichtet sein als auch inhaltlich. Zusätzlich gibt es Vorgaben zum Rahmen.

Beispiele für inhaltliche Hilfen sind z. B.:
- Erinnere dich an den Unterschied zwischen Winterschlaf und Winterruhe!
- Punktrechnung geht vor Strichrechnung!
- Welche Merkmale gehören zu einem Brief?

Beispiele für lernstrategische Hilfen sind z. B.:
- Formuliere die Aufgabe in eigenen Worten!
- Versuche die wichtigen von den unwichtigen Informationen zu trennen!
- Was weißt du schon über den Sachverhalt und was kannst du daraus folgern?
- Kennst du etwas Ähnliches?
- Versuche, das Problem in einem Schema/einer Skizze zu veranschaulichen!

Beispiele für Vorgaben zum Rahmen:
- Ihr habt _____ Minuten Zeit, um euer Vorgehen zu planen.
- Ihr habt _____ Minuten Zeit für die Informationsbeschaffung.
- Die Präsentation soll um _____ Uhr fertig sein.
- Ihr könnt Fragen stellen, wenn ihr in eurer Gruppe nicht weiterkommt.

Die Hilfen können unterschiedlich eingesetzt werden.
- Die Schüler bekommen alle Hilfen und nutzen sie individuell.
- Die Hilfen liegen vorn auf dem Pult; einer aus der Tischgruppe holt sich eine Hilfe und berichtet den anderen in der Gruppe davon.
- Die Lehrkraft gibt vorab gezielt bestimmte Hilfe an einzelne Schülerinnen und Schüler.

Beispiele für komplexe Aufgaben:

Finde heraus, wie viel du am Tag kostest.	Überzeuge Noah davon, ein bestimmtes Tier-Paar mit auf die Arche zu nehmen.
Kann man sich von Schokolade ernähren?	Lohnt es sich, ein Sprudelgerät zu kaufen?

Bei der Planung der komplexen Aufgaben kann folgendes Raster hilfreich sein:

Klasse: 4   Fach: Sachunterricht

Aufgabe: Stelle dein Lieblingstier vor.

Lehrersteuerung		
viel ──────────────────────────────────▶ wenig		
Vorgaben zum Inhalt und zum Vorgehen	**Vorgaben zum Vorgehen (Planungshilfen)**	**Vorgaben zum Rahmen (zeitliche Fixpunkte)**
1. Entscheide dich für ein Tier. 2. Sammle: Was weißt du schon alles? 3. Lies in den ausliegenden Sachbüchern nach und schreibe weitere Informationen heraus. 4. Sortiere deine Informationen nach Körperbau, Pflege, Ernährungen, Rassen und Vorkommen. 5. Gestalte ein Plakat. 1. Finde eine Abbildung. 2. Entscheide, welche Informationen du auf das Plakat schreiben möchtest. 6. Überlege, ob das Tier bei dir gut aufgehoben wäre. Begründe deine Meinung. 7. Übe den Vortrag.	1. Woher kannst du Informationen bekommen? 2. Trage deine Informationen zusammen und bilde Gruppen. 3. Entscheide dich, welche Informationen du präsentieren möchtest. 4. Entscheide dich für eine geeignete Präsentationsform.	1. Ihr habt _____ Minuten Zeit, um euer Vorgehen zu planen. 2. Ihr habt _____ Minuten Zeit für die Informationsbeschaffung. 3. Die Präsentation soll um _____ Uhr fertig sein. Ihr könnt Fragen stellen, wenn ihr in eurer Gruppe nicht weiterkommt.

(Die Strukturhilfen wurden entwickelt von den didaktischen Trainerinnen Petra Balke, Dr. Britta Köpcke, Dr. Kerstin Tschekan, Katharina Wolgast, LI Hamburg.)

5.3 Scaffolding

Nach wie vor werden Lehrer im Unterricht informieren, instruieren, moderieren, bewerten und erziehen. Aber diese Tätigkeiten bekommen im Konzept der Individualisierung eine neue Bedeutung. Die zentrale Herausforderung in allen Segmenten der Lehrerrolle ist es, den Schülern unterschiedliche Zugänge zu Themen und Aufgaben zu ermöglichen und für den Lernprozess strukturierende Hilfen anzubieten, damit die Schüler sich auch in anspruchsvollen Anforderungen zurechtfinden und erfolgreich sein können. Die Funktion dieser Hilfen wird in der englischen Sprache mit dem Begriff „Scaffolding" erfasst, übersetzt etwa „Gerüst bauen".

Eine Lernlandschaft, eine Lernlandkarte, ein Themenplan können als Gerüste für die inhaltliche oder zeitliche Strukturierung eines Arbeitsprozesses dienen, ein Lernjournal unterstützt die Reflexion und Selbstbewertung. Im Kern geht es beim „Scaffolding" aber um die Gestaltung von selbst differenzierenden Aufgaben. Damit ist gemeint, dass eine Aufgabe so gestaltet wird, dass alle Lernenden einer Lerngruppe einen Zugang zu der Aufgabe finden können. Bei RUF/GALLIN wird dieser Aufgabentyp im Konzept des „dialogischen Lernens" als „Rampe" bezeichnet, über die die Schüler zu anspruchsvolleren Bearbeitungsebenen aufsteigen können (vgl. RUF, GALLIN 1998).

Auf die Niveauunterschiede in der Nutzung von Lernstrategien und der Selbstregulation, die in jeder Lerngruppe sein werden, ausgerichtet, werden gestaffelte methodische Hilfen angeboten. „Dass Kinder und Jugendliche zur Selbststeuerung in der Lage sind, wird heute von niemandem bestritten; ebenso wenig, dass sich nicht alle auf demselben Niveau der Selbststeuerung bewegen. Das heißt aber nicht, dass Selbststeuerung des Lernens ein Selbstläufer ist. Ohne ein kognitives, emotionales und soziales Netzwerk kann sich die Fähigkeit zur Selbststeuerung nicht entfalten. Deshalb sprechen die Kognitionspsychologen auch vom Gerüstbau (‚scaffolding‘)." (MEYER, Vortrag Salzburg 2012)

Netzwerk zur Selbststeuerung aufbauen

Scaffolding kann auch in der individuellen Lernbegleitung eine wirksame Unterstützungsstrategie sein, wenn es darum geht, eine schrittweise Annäherung an das selbstgesteuerte Lernen zu ermöglichen. Die genaue Diagnose des Verständnisses der Aufgabe durch den Schüler, z. B. durch die Methode des „lauten Denkens" ist eine wesentliche Voraussetzung, ein unterstützendes methodisches Gerüst zu bauen. Hierbei kann sich der Lehrer bzw. der Lernbegleiter in der gleichen Methodik als Modell anbieten oder als Partner für eine interaktive Methode. „Scaffolding fördert auch die Motivation, sofern die Bedürfnisse nach Kompetenzerleben, Autonomie und sozialer Eingebundenheit unterstützt werden." (KLIEME, Vortrag Bertelsmann Berlin)

A. v. d. GROEBEN und I. KAISER haben die Idee des Scaffoldings aufgenommen und verschiedene Aufgabentypen konstruiert, denen gemeinsam ist, dass es eine Kernaufgabe gibt, die individuelle Zugänge und Bearbeitungsweisen zulässt. Sie haben sie unter dem blumigen Titel „Rampe, Fächer, Blüte, Gerüst" beschrieben (VON DER GROEBEN/KAISER: Werkstatt Individualisierung; Pädagogik 4/11, S 43).

Erleichtert wird die Gestaltung der differenzierenden Aufgaben in einer Lerneinheit, wenn ein Thema schon in der Planung von unterschiedlichen kognitiven Aktivitäten her erschlossen wird.

5.4 Die Lernbegleitung: individuelle Lernentwicklung dokumentieren

Portfolios bilden die Grundlage der Kommunikation zwischen Lehrenden und Lernenden – sie sind die Basis für regelmäßige Lernberatung im Unterricht. Wir zitieren hier aus dem entsprechenden Erlass des Niedersächsischen Kultusministeriums (Nds-RdErl. d. MK v. 03.02.2004); für die anderen Bundesländer gelten ähnliche Verordnungen:

„Die Schulen erarbeiten in ihren Konferenzen auf der Grundlage der verbindlichen Kerncurricula schuleigene Arbeitspläne und Förderkonzepte. Darüber hinaus sind die Beobachtungen zum jeweiligen Stand der individuellen Lernentwicklung der Schülerin und des Schülers als Teil der Dokumentation Ausgangspunkt für die Planung des Unterrichts in den einzelnen Klassen.

In der Dokumentation der individuellen Lernentwicklung wird der individuelle Lernprozess festgehalten und fortgeschrieben. (…)

Die **Dokumentation** erfasst prozessual die Entwicklung individueller Lernstände einer Schülerin oder eines Schülers. Sie erfasst die individuellen Entwicklungspotentiale und die Lernentwicklung und verfolgt u. a. das Ziel, durch entsprechende Unterrichtsplanung Lernangebote und Lernstände miteinander abzustimmen. Dabei bezieht sie auch überfachliche Qualifikationen der Schülerinnen und Schüler ein. (…)

Die Dokumentation enthält Aussagen
- zur Lernausgangslage,
- zu den im Planungszeitraum angestrebten Zielen,
- zu den Maßnahmen, mit deren Hilfe die Ziele erreicht werden sollen und

- zur Beschreibung und Einschätzung des Fördererfolgs durch die Lehrkraft sowie durch die
- Schülerin oder den Schüler."

Form

Welche Form für die Dokumentation verwendet wird, bleibt den Schulen überlassen. Im Regelfall werden tabellarische Übersichten eingesetzt. Entweder setzt ein Kollegium gemeinsam Kriterien fest oder man einigt sich auf frei formulierte Einträge. Allerdings erlauben kurze, kriterienbezogene Notierungen eher, dass sich leichter Klassenübersichten erstellen lassen. Schließlich sind statt der Tabellen auch längere Fließtexte zu bestimmten Beobachtungen denkbar, die aber aufwändiger in der Erstellung und der Auswertung sind.

Verfahren

In Niedersachsen muss für jeden Schüler von der 1. bis zur 10. Klasse eine Dokumentation seines Lernweges angefertigt werden. Darum ist eine Abstimmung zwischen den Schulen unerlässlich, damit die Informationen für alle nachvollziehbar sind.

In der Dokumentation werden Verabredungen zu Zielen und zur Umsetzung der Ziele festgehalten.

Ein langfristiger Austausch zwischen Lehrern und Eltern soll gewährleisten, dass jeder Schüler aus verschiedenen Perspektiven und möglichst umfassend wahrgenommen wird. Die Lehrkräfte sind verpflichtet, die Erziehungsberechtigten über die Entwicklung ihres Kindes in der Schule, über sein Lern-, Arbeits- und Sozialverhalten sowie über Lernerfolge und Lernschwierigkeiten zu unterrichten. Andererseits können Eltern in regelmäßigen Gesprächen wertvolle Hinweise zur Situation des Kindes, zu seinen Stärken und Schwierigkeiten geben. Gemeinsam können so Zielvorstellungen entwickelt werden.

Wir haben mit folgendem Verfahren gute Erfahrungen gemacht, das uns zudem bei der Arbeit entlastet.

Jeder Schüler führt mit Beginn des Eintritts in die Sekundarstufe I ein individuelles Lernportfolio. Dieses besteht aus einem DIN-A4-Ordner, in den nach folgender Auflistung die entsprechenden Dokumente jeweils einmal oder mehrmals pro Schuljahr eingeheftet werden:

Dokumentaions-möglichkeiten finden – Beispiele

1. Schülerporträt

Die Dokumentation beginnt mit einem Selbstporträt (Steckbrief) als erster Schritt zur Selbsteinschätzung des Schülers. Hier notiert er jeweils zu Schuljahresbeginn seine Stärken und Interessen (in Bezug auf den Unterricht, seine Hobbys, seine Vorlieben etc.). Wichtig ist, dass sich eine Schule auf bestimmte Aspekte einigt, die dann in jedem Jahrgang wieder erhoben werden – nur so lässt sich eine Entwicklung (roter Faden) darstellen. Die Schülerporträts sollten nicht mehr als eine Seite umfassen, damit man sie nebeneinander legen kann.

Bei der Verabschiedung der Schüler am Ende der Schulzeit gibt es immer ein großes Hallo, wenn die Jugendlichen ihre Bilder aus den letzten Jahren und ihre Entwicklung betrachten – sehr zur Freude aller.

Name:	Klasse:	Datum:

Selbstporträt

Name:

Schule:

Foto

Das mache ich in der Schule:

Das mache ich in meiner Freizeit:

Diese/n Menschen bewundere ich:

Das gefällt mir an meinem Lehrerberuf besonders gut:

Das würde ich gerne einmal ausprobieren:

Das gefällt mir in/an meiner Schule am besten:

2. Selbsteinschätzung

Das zweite Blatt im individuellen Lernportfolio ist die Selbsteinschätzung der Schüler zum Lern- und Arbeitsverhalten, zur Selbstständigkeit und zu ihren Lerngewohnheiten. Diese Selbsteinschätzung führen sie einmal pro Halbjahr durch. Im Vergleich mit den vorigen Bögen stellen sie Veränderungen fest und aktualisieren ihre Ziele für das folgende Halbjahr. Diese werden schriftlich im Logbuch oder in einem Portfoliobrief festgehalten. Zu regelmäßig festgesetzten Zeiten besprechen die Schüler mit dem Lehrer, wie weit sie ihre Ziele erreicht haben, was gut und was nicht geklappt hat.

3. Standardisierte Tests

Auch die Auswertungen von standardisierten Testverfahren, die die Lernvoraussetzungen der Schüler feststellen, gehören ins Lernportfolio. Das ist ursprünglich nicht vorgesehen, aber wir haben die Erfahrung gemacht, dass die Schüler zum einen an den über sie erhobenen Daten sehr interessiert sind und diese Kenntnisse zum anderen konkrete positive Auswirkungen auf ihr Lernverhalten hatte.

4. Curriculare Tests

Damit wir für unsere Unterrichtsvorbereitung genauer einschätzen können, mit welchen Lernvoraussetzungen die Schüler in den Unterricht kommen, führen wir entsprechende Tests oder Abfragen durch. So gelingt es uns, das unterschiedliche Vorwissen bei der Planung und Umsetzung zu berücksichtigen – z. B. beim Einstieg, bei der Entwicklung von Arbeitsmaterialien etc.

In neueren Schulbüchern findet man vergleichbare Elemente. Vor einer neuen Einheit oder zu Beginn eines neuen Themas wird z. B. gefragt: Was weißt du schon zum Thema „Märchen"? Welche Märchenfiguren kennst du? Welche Märchen hast du schon gelesen?

Durch das Aktivieren bereits vorhandener Kenntnisse ist der Schüler deutlich besser in der Lage, das neue Wissen mit dem alten zu vernetzen und es im Langzeitgedächtnis zu speichern.

5. Lernpläne

Lernpläne in Form von Kompetenzrastern, Förder- oder Forderplänen begleiten das individualisierte Lernen der Schüler. Die Schüler dokumentieren selbst durch Punktvergabe auf ihren Rastern, durch ihre Arbeitsergebnisse oder durch die Umsetzung der Förderpläne, wie weit sie gekommen sind und wie sie gearbeitet haben. Durch individuelle Lernpläne können die Schüler gezielt gefordert und gefördert werden.

6. Lerntests

Lerntests begleiten das Lernen der Schüler als Selbsteinschätzungsinstrument vor einem Thema, bieten andererseits konkrete Trainingsmöglichkeiten und weisen auf Aufgabenmaterial hin, mit dem die Schüler arbeiten können. In den meisten neueren Schulbüchern finden Sie diese Checklisten bereits.

Lerntests können aber auch am Ende einer Einheit den Schüler „auffordern", die erworbenen Kenntnisse noch einmal einzuschätzen und Probleme durch die konkreten Trainingsaufgaben zu beseitigen (individuelle Förderung, Forderung).

Nach unseren Erfahrungen sollten die Lerntests nicht umfangreicher als eine Seite sein, sonst lieber splitten.

7. Kompetenztests

Das siebte Blatt ist jeweils die Lernstandserhebung bzw. Leistungsmessung. Hier kann der Schüler zeigen, welche Lernfortschritte er gemacht hat.

8. Beobachtungsbögen

Regelmäßige systematische Beobachtungen unterstützen und begleiten den Lernprozess der Schüler. Wir arbeiten mit altersspezifischen Beobachtungsrastern oder mit Tabellen zum Ankreuzen. Auffälligkeiten werden so schnell erkannt und dokumentiert. Es gibt Bogen zur Selbstbeobachtung oder zur Fremdbeobachtung durch Lehrer oder Mitschüler. Wenn die Schüler sich selbst oder ihre Mitschüler beobachten und einschätzen sollen, brauchen sie selbstverständlich eine entsprechende Einführung und Erläuterung, wofür dies gut sein soll, damit ehrliche Antworten gegeben werden und kein Anschein von Anschwärzen aufkommt.

9. Lernbegleitung und -beratung

In dieser „Abteilung" werden die ausgefüllten Logbücher, Lerntagebücher oder Portfoliobriefe gesammelt, mit denen der Schüler sein eigenes Lernen begleitet.

10. Feedback

Die schriftlichen Rückmeldungen der Lehrer auf die Leistungen eines Schülers enthalten wertvolle Hinweise und Hilfen für die individuelle Lernentwicklung. Hier im individuellen Lernportfolio sind sie jederzeit für Eltern und Lehrer einsehbar und bilden die Grundlage für die Diskussionen über den individuellen Lernweg.

Das individuelle Lernportfolio wird regelmäßig mit den Schülern besprochen und es werden individuelle konkrete Vereinbarungen getroffen.

Bei allen Beratungsgesprächen bildet das Portfolio eine gute Gesprächsgrundlage; das gilt auch für Zeugniskonferenzen, Tischgruppenabende etc.

Für sein eigenes Portfolio ist jeder Schüler selbst verantwortlich. Er sammelt alle schriftlichen Arbeiten, die Rückmeldungen der Fach- und Klassenlehrer, führt ein Inhaltsverzeichnis und ordnet alle Einlagen.

Die DIN-A4-Ordner stehen im Klassenraum, wenn möglich in einem verschlossenen Schrank, und werden vom Lehrer herausgegeben. So ist gewährleistet, dass kein Ordner verschwindet und jeder Schüler nur Zugriff auf seine eigenen Unterlagen hat.

Inhalt	Hj	Schj
1. Schülerportrait		X
2. Selbsteinschätzungsbogen • Lernverhalten • Arbeitsverhalten • Selbstständigkeit • Lerngewohnheiten	X	
3. Standardisierte Tests **Zum Beispiel: HSP; CFT**		X
4. Curricularer Test • Deutsch Mathe • Englisch • ...	X X X	
5. Lernpläne • inhalts-/prozessbezogen • individuelles Lerntraining	X X X	
6. Checktests • Checkliste, Mindmaps, Cluster	X X X	
7. Kompetenztests • Leistungskontrollen • Klassenarbeiten • Klausuren • ...	X X X	
8. Schülerfragebogen • Selbsteinschätzung • Fremdeinschätzung • Beobachtung		

Lernberatung in der inklusiven Schule

Inklusion heißt die Herausforderung für alle Schulen in Deutschland. Die Verpflichtung zur Umsetzung der UN-Konvention, die im Dezember 2006 von der Generalversammlung der Vereinten Nationen in New York als „Übereinkommen über die Rechte von Menschen mit Behinderungen" verabschiedet worden ist, lässt da auch keinen grundsätzlichen Spielraum. In Bremen ist die Umsetzung in Bezug auf die rechtlichen Rahmenbedingungen und die Strukturanpassungen bereits erfolgt (Bremisches Schulgesetz, § 3).

Die von den Schulen erwartete Entwicklung zu inklusiven Schulen ist tiefgreifend und nicht durch einfache Anpassungsprozesse zu bewältigen. Sie ist zudem eine Daueraufgabe, weil sie die permanente Anpassung der Lernarrangements und der sie tragenden Strukturen an die Erfordernisse der Kinder und Jugendlichen verlangt.

Aber ist die Herausforderung tatsächlich so neu?

Im individualisierenden Unterricht nimmt die Lehrkraft jeden einzelnen Schüler intensiv mit ihren bzw. seinen Stärken und dem momentanen Entwicklungsstand in den Blick und unterstützt ihn individuell in seinem Lernprozess.

„Inklusion beginnt bei der Wahrnehmung von Unterschieden zwischen SchülerInnen. Ein inklusives Verständnis von Unterricht und Lernen baut auf diese Unterschiede und kann tiefgreifende Veränderungen dabei bewirken, was im Klassenraum, im Lehrerzimmer, auf dem Schulhof und in der Beziehung zu Eltern geschieht." (BOBAN/HINZ 2003, S. 11)

So gesehen werden eine Reihe von Anknüpfungspunkten und Vor-Leistungen zu finden sein, wenn Lehrerinnen und Lehrer in ihrem Unterricht der Leitidee Individualisierung folgen und der individuellen Förderung Priorität einräumen. „Individualisierung schafft die Voraussetzungen für die Umsetzung der Idee der inklusiven Schule. Und gleichzeitig bildet der Grundsatz inklusiver Bildung und Erziehung den wertebasierten Rahmen, der verhindert, dass Individualisierung als Sammelbegriff für Methoden und Instrumente der Binnendifferenzierung missverstanden wird." (WESTER 2012)

6.1 Was ist inklusiver Unterricht?

„Inklusiver Unterricht bedeutet, dass alle Kinder einer unausgelesenen und ungeteilten Gruppe sich allgemeine Bildung nach individuellem Vermögen und individuellen Bedürfnissen in vielfältigen Lernprozessen mit gemeinsamen und differentiellen Lernsituationen unter Nutzung förderlicher Ressourcen ohne behindernde Lernbarrieren und ohne diskriminierende und exkludierende Praxen sowie mit entwicklungsorientierender Lernevaluation aneignen können, und zwar mit aktiver Unterstützung von kooperierenden Pädagogen und sozialen Netzwerken." ((em.) Prof. Dr. Hans Wocken, Was ist inklusiver Unterricht? (Skript))

Kriterien für inklusiven Unterricht

Die in der Unterrichtsforschung beschriebenen generellen Kriterien guten Unterrichts (vgl. Meyer 2003, Helmke 2004, Hattie 2011) haben auch für inklusiven Unterricht Geltung. Aus der Integrationsforschung werden folgende Kriterien als wirksam ergänzt:

- Lernen mit allen Sinnen,
- Lernen durch Handeln,
- Häufiger Wechsel der Sozialformen,
- Peer-Peer-Lernen,
- Verstärkte Partizipation,
- Verantwortungsübergabe auch an „schwierige" Schüler,
- Förderung im Raum (Teamarbeit der Lehrkräfte, Vier-Augen-Prinzip),
- Zielvereinbarungen in Entwicklungsgesprächen,
- Transparente Rechenschaftslegung bzw. Dokumentation des Erreichens der Ziele (vgl. Klemm/Preuss-Lausitz, 2012).

Ergänzende Aspekte ergeben sich, wenn störendem Verhalten durch „schwierige" Schüler vorgebeugt werden soll:
- Zügiger Stundenbeginn,
- Schnelle, nonverbale Reaktion auf Störungen,
- Einführung einfacher, gemeinsam erarbeiteter Regeln,
- Einbeziehen der Freunde und der Klasse bei Verhaltensabsprachen,
- Eine sanfte Steuerung der Gruppenzusammensetzung,
- Vermeidung zu vieler und diffuser Wahlmöglichkeiten,
- Teamarbeit im Raum (vgl. ebenda).

Dennoch, der Umgang mit Schülern mit besonderen Bedürfnissen bedeutet auch für Lehrer, die kompetent sind in der Gestaltung individualisierender Lernarrangements, eine neue Herausforderung. Das Gefühl der Überforderung ist weit verbreitet, vor allem vor dem Start in die Inklusion. Deshalb muss mit Blick auf die Lernberatung deutlich gesagt werden: Wenn es um die Berücksichtigung spezifischer sonderpädagogischer Bedürfnisse von Kindern und Jugendlichen geht, braucht es nach wie vor in der Diagnose und Lernbegleitung sonderpädagogische Kompetenzen.

Beratung in der inklusiven Schule zu organisieren, dass sie einerseits ökonomisch und andererseits ökologisch, das heißt, situationsangemessen und wirksam, eingesetzt werden kann, erfordert neue Orientierungen. „Mit den Sachzwängen der Kooperation sowohl innerhalb des Kollegiums als auch mit den Eltern und schulfremden Institutionen müssen auch auf allen Ebenen neue Kommunikationsstrukturen entwickelt werden. (…) Die Kommunikation auf allen Ebenen bedarf einer professionellen Optimierung, damit die Vernetzung der Maßnahmen und Förderungen den Bedürfnissen des individuellen Schülers angepasst ist. Dabei spielt der Lehrer als Moderator die wichtigste Rolle." (Classen 2013, S. 128)

Beratung in der Schule organisieren

Sonderpädagogische und sozialpädagogische Kompetenzen sind in der inklusiven Schule in den kollegialen Prozess in einem Jahrgangsteam integriert, sodass sie verlässlich zur Verfügung stehen und zusätzlich in der Kooperation ein Kompetenztransfer beiläufig stattfindet. Wenn die teaminterne Kompetenz nicht ausreicht, gibt es ein schulinternes Unterstützungssystem, in Bremen z. B. „Zentrum für unterstützende Pädagogik" (ZuP) genannt. Sonderpädagogen und Psychologen stehen darüber hinaus in regionalen Beratungs- und Unterstützungszentren zur Verfügung, wenn mit schulinterner Kompetenz Probleme nicht zu lösen sind.

6.2 Kollegiale Beratung und Förderplanung im Team

Je stärker die Lernberatung als Element der Rolle der Lehrkräfte etabliert ist, desto größer wird die Erfahrung in der Prozess begleitenden Diagnose sein und desto mehr Anknüpfungspunkte wird es in der Förderplanung geben, die im besten Fall als Teamaufgabe angegangen wird. Verfahren zur Förderplanung im Team sind verfügbar, sie haben sich vielfach bewährt (vgl. Kapitel 5).

Prinzipien der Förderplanung, wie sie von A. Prengel in einem Vortrag am 15.12.2011 im Landesinstitut für Schule Bremen formuliert worden sind, machen deutlich, dass das Lernkonzept Individualisierung eine gute Plattform ist, von der aus spezifische Probleme kollegial und multiprofessionell bearbeitet werden können:

1. „Anerkennung: Jedes Kind der heterogenen Lerngruppe soll im Unterricht immer wieder erleben, dass es kompetent und liebenswert ist und geachtet wird.

2. Didaktische Diagnostik: Lernstände von Kindern werden analysiert, um den Unterricht zu verbessern.

3. Ein gestuftes Kerncurriculum wird verbunden mit Offenheit für Themen und Interessen der Kinder: Themen der Kinder werden beobachtet und dokumentiert, um einen Zugang zu kindlichem Denken, Fühlen und Wollen zu finden. Diese offenen Erhebungen werden kombiniert mit der systematischen Analyse der Kompetenzstände von Kindern im Bereich eines Kerncurriculums anhand didaktischer Stufenmodelle, die als Ordnungsmuster für verbindliche Bildungsangebote in heterogenen Gruppen dienen.

4. Berücksichtigung der bio-psycho-sozialen Gesamtsituation: Die Förderplanung bezieht sich auf wesentliche Aspekte der bio-psycho-sozialen Entwicklung sowie der Wechselwirkungen zwischen Kind oder Jugendlichen und Umfeld.

5. Begrenzte Arbeitshypothesen: Ergebnisse von Förderplanung sind perspektivisch bedingte Bilder, die wir uns von Kindern machen. Sie können nicht unmittelbar Realität abbilden und beziehen sich nur auf jeweils in den Vordergrund rückende Teilbereiche der Entwicklung und des Lernens.

6. Förderung von Selbstevaluation und von selbsttätigem Lernen: Kinder und Jugendliche brauchen Anleitung zur Klärung ihrer Lernziele und zur Reflexion ihrer Lernprozesse sowie ein systematisiertes Materialangebot zum selbsttätigen Lernen.

Die Methoden und Instrumente und auch die Arbeitsweisen für pädagogische Lernstandsanalysen zeigen deutlich, dass in der Schulpraxis Synergien zu erwarten sind.

- In Beobachtungsbüchern können Beobachtungen, die sich auf kreative Tätigkeiten von Schülerinnen und Schüler und ihr Umfeld beziehen, spontan schriftlich festgehalten werden. Persönliche Erfahrungen, Empfindungen und Reflexionen der Lehrperson selbst können in Lehrertagebüchern aufgeschrieben werden.

- In Portfolios können die von Schülerinnen und Schülern erarbeiteten Materialien aller Art zusammengetragen werden. Die Dokumente in diesen Sammelmappen bilden eine wichtige Grundlage für Lernstands- und Lernentwicklungsanalysen im Sinne der individuellen Bezugsnorm, da sie Einblick in die zu verschiedenen Zeitpunkten entstandenen Werke der Kinder ermöglichen.

- In systematischen Instrumenten werden Kategorien für das Erfassen und Einordnen bestimmter Aspekte der Lernprozesse durch Erwachsene oder Schüler vorgegeben. Die systematisierten Erhebungen können vor allem die von Erwachsenen als verbindlich ausgewählten Aspekte der Kerncurricula berücksichtigen. Sie erleichtern die Arbeit, weil sie schnell gehandhabt werden können.
- Eine Möglichkeit, den Kindern Lernbilanzierungen, Lernziele und Lernmaterialien transparent werden zu lassen, bilden Instrumente der Selbstevaluation für Schülerinnen und Schüler. Lernstandsanalysen der Kinder selbst sind möglich mit frei geschriebenen Notizen, mit dem Portfolio und mit tabellarischen Formen für die Hand der Kinder, z. B. mit Pensenbüchern (Logbüchern, Schulplanern etc.) oder Lernpässen sowie mit Lernlandkarten." (PRENGEL, Vortrag 15.12.2011, Bremen)

6.3 Systematische Beratung in der inklusiven Schule, Beispiel Bremen

Mit dem Inkrafttreten des neuen Schulgesetzes 2009 und der damit verbundenen Freigabe der Wahl der Schule für die Kinder mit einem sonderpädagogischen Förderbedarf haben sich für alle weiterführenden Schulen weitreichende Entwicklungsaufgaben ergeben. „Bremen definiert Inklusion im Bereich Bildung nicht nur in Hinblick auf die gemeinsame Beschulung von nicht behinderten und behinderten Kindern und Jugendlichen, sondern auf die Förderung aller Schülerinnen und Schüler – angefangen von der Einschränkung im kognitiven Bereich bis hin zur Hochbegabung, unbeachtet der Weltanschauung, Religion oder sozialer und kultureller Herkunft." (www.bildung.bremen.de, Stichwort Inklusion)

Die weitgehende Auflösung der Förderzentren wurde verbunden mit der Einrichtung von Zentren für unterstützende Pädagogik (ZuP) in allen Schulen, um die Wahrnehmung der schulbezogenen Förderaufgaben zu sichern, ergänzt um die Regionalen Beratungs- und Unterstützungszentren (REBUZ).

Das Zentrum für unterstützende Pädagogik in der Schule, das Beispiel Bremen

Zentren für unterstützende Pädagogik werden in Bremen an allgemeinen Schulen eingerichtet. Die Stadtgemeinden können festlegen, dass mehrere Grundschulen einem Verbund mit einem gemeinsamen Zentrum für unterstützende Pädagogik zugeordnet werden. Die Bedeutung der Zentren für die jeweilige Schule wird u. a. dadurch augenfällig, dass die Leiter der Zentren für unterstützende Pädagogik Teil der Schulleitung sind.

Dem Zentrum für unterstützende Pädagogik gehören alle Mitarbeiterinnen und Mitarbeiter an, die für die Förderung der Schüler einer Schule oder in einem Verbund von Grundschulen zuständig sind. Es ist in der Regel ein multiprofessionelles Team, bestehend aus Sonderpädagogen, Sozialpädagogen und den mit der sonderpädagogischen Förderung beauftragten Lehrkräften, u. U. auch mit speziellen Fachberatern (z. B. für LRS, Rechenschwäche) und Assistenzkräften besetzt.

„§ 22 Bremisches Schulgesetz
(2) Zentren für unterstützende Pädagogik haben die Aufgabe, die allgemeine Schule in allen Fragen sonderpädagogischer und weiterer unterstützender pädagogischer Förderung zu beraten und zu unterstützen.

Sie fördern die Begegnung, gegenseitige Unterstützung sowie den Erfahrungsaustausch von den behinderten Schülerinnen und Schülern untereinander.

Sie wirken an der Betreuung und Erziehung entsprechend der Behinderung, des sonderpädagogischen Förderbedarfs und der individuellen Problemlagen der Schülerinnen und Schüler mit.

Soweit auf die jeweilige Behinderung bezogene spezielle Fertigkeiten und Kompetenzen vermittelt werden, können sie die Schülerinnen und Schüler auch unterrichten. Sie können dafür auch therapeutische, soziale und sonstige Hilfen außerschulischer Träger einbeziehen." (Bremisches Schulgesetz, zuletzt geändert durch Gesetz vom 17.Juni 2009)

Unterstützende Pädagogik wird gewährleistet durch:
- zeitweise Doppelbesetzung im Unterricht,
- multiprofessionelle Kompetenzen der Mitglieder des ZuP,
- Beherrschung der Braille-Schrift und Gebärdensprache,
- individuelle Hilfen,
- Einbeziehung von therapeutischen, sozialen und sonstigen Hilfen außerschulischer Träger,
- Beratung und Unterstützung in allen Fragen der sonderpädagogischen und weiterer unterstützender pädagogischer Förderung,
- Planung, Durchführung, Evaluation gemeinsamen Unterrichts,
- Qualitätssicherung sonderpädagogischer Standards,

- Erstellung, Vorhalten unterstützungspädagogischer Medien und Materialien,
- interdisziplinäre Zusammenarbeit.

Zur Sicherung der Qualitätsansprüche für die Unterstützung von Schülerinnen und Schülern mit Förderbedarf werden folgende Kriterien genannt:

Klima und Umgang:
- Wohlfühlaspekt der Schülerinnen und Schüler im gesamten Schulalltag,
- positive Beziehungen basierend auf Wohlwollen und Verständnis,
- gegenseitiger Respekt und Fairness,
- soziale Integration aller Schülerinnen und Schüler,
- offener und wertschätzender Umgang nach innen und außen.

Zusammenarbeit mit Eltern:
- Gemeinsam abgestimmte Praxis bezüglich Information, Kontakt und Einbezug der Eltern,
- Eltern bekommen regelmäßig Informationen zum Schulleben insgesamt,
- regelmäßige Feedbackgespräche zwischen Eltern, Lehrkräften und Schülerinnen und Schülern,
- Einbeziehen der Eltern in Fördermaßnahmen.
  (www.inklusion.schule.bremen.de)

Regionales Beratungs- und Unterstützungszentrum (REBUZ)
Die schulinternen Maßnahmen können in Bremen unterstützt oder ergänzt werden durch Aktivitäten der Regionalen Beratungs- und Unterstützungszentren. Das Regionale Beratungs- und Unterstützungszentrum (REBUZ) hat den Auftrag, die schulische Eingliederung der Schülerinnen und Schüler unabhängig von ihrem sonderpädagogischen Förderbedarf, ihrer Behinderung und ihrer individuellen Problemlagen zu fördern, Hilfsangebote zur Überwindung von Problemlagen zu entwickeln sowie eng mit anderen Institutionen, insbesondere der Jugendhilfe, zusammenzuarbeiten. Es diagnostiziert, um individuelle Problemlagen von Hilfesuchenden zu klären und Angebote zu ihrer Beratung, Unterstützung und Förderung zu entwickeln. Die gesetzliche Grundlage für die Einrichtung der REBUZ ist in § 55 Abs. 4 Schulgesetz und § 14 Abs. 2 Schulverwaltungsgesetz geregelt.

Nach § 55 Bremisches Schulgesetz können Schülerinnen und Schüler zur Erfüllung ihrer Schulpflicht vorübergehend von der Fachaufsicht einem REBUZ zugewiesen und dort beschult werden, wenn ihr Lern- und Sozialverhalten dies erforderlich macht oder von ihnen dauerhafte Störungen der Unterrichts- und Erziehungsarbeit in ihrer Schule ausgehen und andere, gesetzlich geregelte Maßnahmen (§§ 46, 47 Schulgesetz) zuvor erfolglos geblieben sind.

Das Regionale Beratungs- und Unterstützungszentrum ist auch verantwortlich für die Durchführung schulergänzender und befristeter schulersetzender Maßnahmen. Schulergänzende Maßnahmen sind zusätzliche Förder- oder Trainingsangebote, die vom Regionalen Beratungs- und Unterstützungszentrum organisiert werden und deren Ziel die Verbesserung des Lern- und Sozialverhaltens von Schülerinnen und Schülern mit einem erheblichen Förderbedarf im sozial-emotionalen Bereich ist (vgl. www.rebuz.bremen.de).

6.4 Fazit

Herausforderungen annehmen

Alles in allem: Die Entwicklung zur inklusiven Schule ist und bleibt eine große Herausforderung. Die Erfahrungen im Lernkonzept Individualisierung und die Kompetenzen aus der Lernberatung bieten aber beste Voraussetzungen, diesen Herausforderungen erfolgreich gegenüberzutreten zu können. Gleichzeitig ist zu erwarten, dass die mit der Inklusion in die schulische Arbeit aller Schulen integrierte Arbeit von Sonderpädagogen, Sozialpädagogen und Assistenzen der Lernberatung qualitative Impulse geben wird.

Literatur

ASSFALG, BARBARA: Lernberatung in offenen Unterrichtsformen. Hochschulschrift 2006
BALKE, PETRA/KÖPCKE, BRITTA/TSCHEKAN, KERSTIN/WOLGAST, KATHARINA: Unveröffentlichtes Manuskript der didaktischen Trainerinnen aus dem LI-Hamburg. 2009
BASTIAN, JOHANNES: Einführung in die Unterrichtsentwicklung. Weinheim/Basel 2007
BAUMERT, JÜRGEN u. a.: Fähigkeit zum selbstregulierten Lernen als fächerübergreifende Kompetenz. Berlin 2000
BERGSSON, MARITA/LUCKFIEL, HEIKE: Umgang mit „schwierigen" Kindern". Berlin 1998
BOBAN, INES/HINZ, ANDREAS (Hrsg): Index für Inklusion, Lernen und Teilhabe in der Schule der Vielfalt entwickeln. Halle-Wittenberg 2003
BOHL, THORSTEN/KUCHARZ, DIEMUT: Offener Unterricht heute. Weinheim/Basel 2010
BUSCHMANN, RENATE: Lernkompetenz fördern – damit Lernen gelingt. Köln 2010
BUTT, HOLGER: Eine neue Lehrerolle. In: Lernende Schule, Nr. 30/31 2005
CLASSEN, ALBERT: Classroom Management im inklusiven Klassenzimmer. Mühlheim 2013
CZERWANSKI A., SOLZBACHER C., VOLLSTÄDT W. (Hrsg.): Förderung von Lernkompetenz in der Schule. Band 1: Recherche und Empfehlungen. Gütersloh 2002
FAULSTICH, PETER: Lernwiderstand – Lernumgebung – Lernberatung: empirische Fundierungen zum selbstgesteuerten Lernen. Bielefeld 2005
FISCHER, ALBERT: Coaching in Klassen des Übergangssystems: Ein Modellversuch. In: Wirtschaft und Erziehung 9/2009, 61. Jahrgang
FORSCHERGRUPPE UNIVERSITÄT KASSEL: Schritt für Schritt zur Lösung. Differenzierung durch Aufgaben mit gestuften Lernhilfen. In: Naturwissenschaft im Unterricht. Physik 99/100 (2007) 18
FREUD, ANNA: Das Ich und seine Abwehrmechanismen. München 1936/1964
GASSER, PETER: Neue Lernkultur. Eine integrative Didaktik. Frankfurt 2008
GELDERMANN, BRIGITTE: Lernberatung für selbstgesteuertes Lernen. Leitfaden für die Bildungspraxis. Bielefeld 2006
GÖRLICH, KRIMHILD: Unveröffentlichter Vortrag und Manuskript, LI-Hamburg, 2013
VON DER GROEBEN, ANNEMARIE/KAISER, INGRID: Werkstatt Individualisierung. Hamburg 2012
HALFTER, CLAUDIA/WESTER, FRANZ: Individualisierendes Lernen als Teamaufgabe. In: SOLZBACHER, C./ MÜLLER-USING, S./ DOLL, I.: Ressourcen stärken. Köln 2012
HAMEYER, UWE/FÜGMANN, MICHAELA: Sich selbst steuern. In: Lernende Schule, 45/2009
HAMEYER, UWE/PALLASCH, WALDEMAR: Beratung als Lernhilfe. In: Lernende Schule, 45/2009
HARKE, DIETRICH: Von der Lernproblemdiagnose zur Lernberatung: Ansätze zur Förderung des Lernens in der Weiterbildung. Bönen 2001
HATTIE, JOHN: Visible Learning. London/New York 2009

Hattie, John: Visible Learning for Teachers. London/New York 2012

Heicke, Pamela: Kompetenzentwicklung von Lernprozessbegleitern (Hochschulschrift). Marburg 2007

Helmke, Andreas: Unterrichtsqualität und Lehrerprofessionalität. Seelze 2009

Herold, Martin/Landherr, Birgit: SOL Selbst organisiertes Lernen. Hg. Vom Ministerium für Kultur, Jugend und Sport des Landes Baden-Württemberg 2003

Höhmann, Katrin: Entwicklung eines individuellen Förderprogramms. In : Lernende Schule 29/2005, S. 36

Jogschies, Peter: Förderdiagnostische Erhebungsstrategien, Untersuchungsverfahren und Begutachtung. In: Arnold, K.-H-./Graumann, O./Rakhochkine, A.: Handbuch Förderung. Weinheim/Basel 2008

Kahl, Reinhard: Individualisierung. Das Geheimnis guter Schulen (DVD und Text). Weinheim/Basel 2011

Karner, Christa: Lernberatung statt Beurteilung: begleitete Selbsteinschätzung – ein möglicher Weg zu eigenständigen Leistungen im Lehrberuf (Hochschulschrift). Marburg 2004

Keller, Gustav: Lehrer helfen lernen: Lernförderung – Lernhilfe – Lernberatung. Donauwörth 1999

Killus, Dagmar: http://bildungsserver.berlin-brandenburg.de/fileadmin/bbb/schule/schulformen_und_schularten/ganztagsschulen/gestaltung/Selbstgesteuertes_Lernen_expertise.pdf

Kiper, Hanna/Mischke, Wolfgang: Selbst reguliertes Lernen – Kooperation – Soziale Kompetenz. Stuttgart 2008

Klieme, Eckhard: Individuell fördern, aber wie? Vortrag Berlin, 15.12.2009 (PDF)

Klemm, Klaus/Preuss-Lausitz, Ulrich: Was ist guter inklusiver Unterricht. In: Metzger/Weigl (Hrsg.): Inklusion – praxisorientiert. Berlin 2012

Kölbl, Doris (bm-bwk): Projekt. Tipps zur Umsetzung. Wien 2011 (PDF)

König, Eckhard/Volmer, Gerda: Handbuch Systemische Organisationsberatung. Weinheim/Basel 2008

Köpcke, Britta/Liedtke-Schöbel, Margrit/Pracht, Gudula/Wollmann-Schewe, Gabriele: Arbeitsgruppe des Referates für Schulformen und Schulstufen des Landesinstituts, Hamburg

Konrad, Klaus: Wege zum erfolgreichen Lernen. Weinheim/Basel 2011

Krainz-Dürr, Marlies: Wie kommt Lernen in die Schule? Innsbruck/Wien 1999

Kultusministerkonferenz (KMK): Standards für die Lehrerbildung; Beschluss vom 16.12.2004, Neuwied

Landesinstitut für Schule und Medien Berlin-Brandenburg (LISUM): Ludwigsfelde-Struveshof Internet: www.lisum.berlin-brandenburg.de

Autorinnen und Autoren: Tanja Hülscher (LISUM), Jenny Wieneke-Kranz (Grundschule am Rüdesheimer Platz, Charlottenburg-Wilmersdorf), Sabine Zöllner (Helen-Keller-Schule, Charlottenburg-Wilmersdorf)

Liedtke-Schöbel, Margrit: Alle kommen mit! LI Hamburg 2012

Meyer, Hilbert: Was ist guter Unterricht? Berlin 2004

Meyer, Hilbert: Mischwald ist besser als Monokultur. Anregungen zur Unterrichtsentwicklung; (unveröffentlichtes) Skript zum Vortrag Salzburg 2012

Mai, Jürgen: Lernberatung in Selbstlernzentren: eine qualitative Erhebung zu pädagogischen Konzepten für selbstgesteuertes Lernen. Saarbrücken 2007

Mutzeck, Wolfgang: Struktur und Methode der Kooperativen Förderplanung. In: Mutzeck (Hrsg.): Förderplanung. Grundlagen – Methoden – Alternativen. Weinheim 2000, S. 214

Paradies, Liane/Wester, Franz/Greving, Johannes: Individualisieren im Unterricht. Berlin 2010

Pätzold, Henning: Lernberatung und Erwachsenenbildung. Hohengehren 2008

Panten, Mareike: Motivationsförderung als Teil schulischer Lernberatung. Hohengehren 2010

Petersen, Ralf/Petersen, I./Pallasch, Waldemar: Professionelle Gesprächsführung im Lerncoaching. In: Lernende Schule 45/2009

PodiumSchule: Bertelsmann Stiftung; Gütersloh, 1/2011 (Zeitschrift)

Prengel, Annedore: Lern- und Förderplanung in inklusiven Schulen – Grundlagen, praktikable Instrumente, Ausblick. Skript zum Vortrag, Bremen 2011 (PDF)

Ruf, Urs/Gallin, Peter: Dialogisches Lernen in Sprache und Mathematik 1/2: Seelze 1998

Schnebel, Stefanie: Professionell beraten, Beratungskompetenz in der Schule. Weinheim/Basel 2007

Siebert, Horst: Selbstgesteuertes Lernen und Lernberatung. Augsburg 2009

Siebert, Horst: Selbstgesteuertes Lernen und Lernberatung: neue Lernkulturen in Zeiten der Postmoderne. Neuwied 2001

Sommer, Mona/Stünckel, Susanne: Das Tor der Woche. Hamburg macht Schule Heft 1/98

Stern, Elsbeth: Schubladendenken, Intelligenz und Lerntypen. In: Heterogenität, Friedrich Jahresheft, Seelze 2004

Stiggins, Richard J.: An introduction to student-involved assessment for learning. Boston 2012 (Erstausgabe 1994)

Überblick, Informationen aus dem Institut Beatenberg, Juni 2009, Nr. 96 (hg. von Institut Beatenberg, www.institut-beatenberg.ch)

WESTER, FRANZ: Eine neue Rolle der Lehrkräfte. In: Schulmagazin 5–10. Heft 10/2012

WILSON, P./LONG, I.: Persönlichkeit werden. Mülheim, 1991

ZÖLLNER, HERMANN/KAHN, ULRIKE/RINDT, INGEBORG: Lernen für den Ganztag, Individuelle Förderung – Chancen, Möglichkeiten, Anforderungen. Modul 8/2008

Fitmacher für die Sek I

Günther Hoegg

Scriptor Praxis
Wie Schüler denken
176 Seiten, mit Abbildungen,
Paperback

ISBN 978-3-589-23289-5

Wolfgang Biederstädt (Hg.)

Bilingual unterrichten
160 Seiten, Paperback

ISBN 978-3-589-03914-2

Kerstin Tschekan

Kompetenzorientiert
unterrichten
160 Seiten, Paperback

ISBN 978-3-589-23215-4

Informieren Sie sich unter der Nummer 0800- 121 20 20 (kostenlos aus dem deutschen Festnetz)
oder in unserem Onlineshop: www.cornelsen-shop.de

Willkommen in der Welt des Lernens